U0877728

中国社会科学院创新工程学术出版资助项目

社会发展与社会治理文库

当代中国营商环境评价研究

A RESEARCH OF
THE ENVIRONMENTAL EVALUATION OF
DOING BUSINESS
IN CONTEMPORARY CHINA

黄永亮　田　丰　著

社会科学文献出版社
SOCIAL SCIENCES ACADEMIC PRESS (CHINA)

前　言

营商环境是一个国家或地区发展的重要软实力，是一个国家或地区参与国际竞争和区域性竞争的重要经济社会背景。营商环境作为一个系统性的工程，涉及政治环境、经贸制度、市场准入、要素流动、法治建设、文化氛围、政务环境、生活环境等各个方面。党的十八大以来，以习近平同志为核心的党中央高度重视国内营商环境的优化与改善。在2015～2017年连续三年的“放管服”改革电视电话会议上，李克强总理均提到中国在世界银行营商环境报告中的排名变化，提出“营商环境就是生产力”。由于在跨国贸易、获得电力和纳税等领域的改善，2014～2017年，中国的营商环境排名从第96位升至第78位；2018年，中国在190个国家和地区中排名第46位。近年来，营商环境排名的快速上升显示出中国为中小企业改善营商环境的举措取得了一定成效，也得到了国际社会的认可，但同时也要看到我国的营商环境仍有较大改善空间。未来应该如何深化营商环境改善？不仅需要在客观指标上加以持续优化，也要充分考虑作为改善受益方之一的民营企业家的主观评价。民营企业家对营商环境的主观评价甚至可能比客观指标更加准确，他们如何看待与评价营商环境，值得深入调查研究。

2018年，国务院第一次常务会议就将构建营商环境评价机制作为工作重点，要求“借鉴国际经验，抓紧建立营商环境评价机制，逐步在全国推行”。为了深入探究中国的营商环境状况，我们开展了营商环境指标体系的研究和构建，并在全国重点省市开展营商环境企业家评价问卷调查，重点测量民营企业家对营商环境中的政务环境、市场经营环境、社会环境、法治环境、开放与消费环境五个方面的主观评价，并力图建立初创、发展、稳定等不同阶段的民营企业的企业家对营商环境的评估模型，以及完成全周期、多维度营商环境关键影响因素的甄别评估。

构建具有中国特色的营商环境评价体系，是党中央、国务院部署的重要改革任务。在全国范围内开展营商环境评价，是推动高质量发展、现代化经济体系建设的重要基础，是“以评促改”优化营商环境的关键前提。对接国际评价指标，开展营商环境评估，建立系统化的营商环境指标体系以及配套的评价机制，能够明确现阶段自身发展的状况，直击本地营商环境存在的不足，以问题促改革，不断优化提升营商环境。

在积极借鉴国际组织构建和运用营商环境评价指标做法的基础上，本书不仅从企业经营的政务环境、市场经营环境、社会环境、法治环境、开放与消费环境五个方面对不同发展阶段的企业进行调查，还侧重于从企业家主观感受和宏观指标两方面入手，力争更加客观、系统、科学地反映地区营商环境的真实状况，通过不同地区的民营企业家对营商环境的主观评价差异，反映地区内营商环境可能存在的一些突出问题，帮助政府部门和单位深化营商环境改善，优化政府服务，为企业创造更好的发展环境。

企业家营商环境评价指标体系的特点主要有四个方面。一是营商环境指标体系的构建兼顾客观指标和主观指标。客观指标无须过多阐述，主观指标主要指的是企业家的主观感受和主观评价，主观指标能从另一个侧面反映出营商环境的真实状况。同时，与客观指标不同，主观指标的评价往往能够更客观地反映出企业所处的真实营商环境。二是营商环境指标体系的构建反映了大多数企业的真实状况。现有的营商环境指标体系大多忽略了企业之间的差异，中国当前民营经济和民营企业占绝大多数，而现有营商环境对中小民营企业的关注严重不足，本研究所构建的指标体系能够真实地反映中小民营企业的生存状况，在指标体系中侧重于体现大多数企业的声音，也就是中小民营企业的诉求。三是营商环境指标体系的构建反映了中国特色的政商关系。政商关系是中国政府和企业之间的核心议题，也是直接影响企业营商环境的关键变量，“亲”与“清”的政商关系往往是客观指标无法体现的，只能通过企业家对营商环境的主观评价加以衡量，尤其是企业家对诸多办事环节的实际评价准确反映了政商关系。四是本研究中营商环境指标体系的构建注重调查研究。现在一些营商环境指标体系的构建从数据到指标，忽略了数据的来源、真实性、可靠性，尤其是缺乏调查研究的支撑，而本研究中营商环境指标体系的构建则花大力气做实地调研，去企业家中收集信息，故能真正反映出营商环境的情况。综合来看，本研究所构建的企业家营商环境指标体系是反映中国特色的营商环境指标体系，是政府、社会、学界和企业各方共同努力的合理化、科学化结果。

为了了解 2016～2018 年全国企业在开办和开展生产经营活动时有关的服务和环境是否便捷便利，全国民营企业家对营商环境的看法及发现目前营商环境中存在的问题，中国个体劳动者协会联合各地工商局、各地个体私营企业协会开展了“全国营商环境与民营企业家评价指数调查”工作，调查方式以问卷调查为主，综合采用大数据分析、问卷调查、个案访谈和座谈会等方式，围绕企业经营的政务环境、市场经营环境、社会环境、法治环境、开放与消费环境以及整体营商环境开展调查，以全面反映民营企业家对营商环境的感知情况。

为了保证样本的代表性，问卷调查样本采用分层随机抽样的方式开展调查，全国 22 个省（除台湾）的省会城市、5 个自治区的首府、4 个直辖市及 5 个计划单列市样本量各 500 户，合计样本量 18000 户。每个城市内随机抽取样本进行调查，有 10311 户企业成功完成调查，调查成功率为 57.3%。根据相关抽样理论，全国调查结果中关于比例问题的最大调查误差不超过 1%。

本书基于全国性抽样调查和公开统计数据，对 2016～2018 年我国营商环境的基本情况以及民营企业面临的主要困难和问题进行了全面分析和探讨。在当前以国内大循环为主体、国内国际双循环相互促进的新发展格局下，加强对营商环境的研究迫切且必要。在新发展格局下，需要以优化营商环境为目标，以帮助民营企业恢复和拓展生产经营为工作重点，对振兴中小企业发展的新举措、新政策进行大胆尝试与探索，从而激发企业活力，为新形势下的企业生存和发展赋能。

目录

第一章

营商环境文献综述及指标构建

第一节　国外营商环境评价指标体系

从现有的文献来看，世界经济论坛从 1979 年起每年都发布一期《全球竞争力报告》，这被认为是最早构建的面向全球经济体的营商环境评估体系。竞争力排名以全球竞争力指数为基础，指标主要包括制度、基础设施、宏观经济环境、健康保障与基础教育、高等教育与职业培训、商品市场效率、劳动力市场效率、金融市场成熟度、技术就绪指数、市场规模、商业成熟度及创新能力。虽然其历史悠久，团队建设、方法应用以及数据获取都相对成熟，但是其指标体系除了对营商环境的衡量，还包括对一个国家教育、科技等方面的衡量，用于营商环境的相关研究，针对性不强，解释力不足。

西方有学者从政府制度决策和企业管理经营等方面入手，对营商环境进行了比较研究。Demirguc-Kunt 等人通过利用来自 52 个国家的企业经营数据发现，在金融部门发达、法律制度高效、股东和债权人权力大、监管负担和公司税低、破产程序高效的国家，企业更容易选择公司形式，注册企业的增长也比较快①。Tobin 通过研究双边投资条约与国际投资的

① A. Demirguc-Kunt, I. Love, and V. Maksimovic, "Business Environment and the Incorporation Decision," *Journal of Banking & Finance*, 2010, 30 (11): 2967 –2993.

关系，指出双边投资条约与外国直接投资之间的关系非常微弱，它往往只对那些营商环境已经稳定的国家的外国直接投资流动产生积极影响，因此，形成良性稳定的营商环境将更有利于外国投资的增长①。Eifert 等人通过对非洲国家制造业发展历史的研究得出，一个国家的商业环境对于其制造业的国际比较优势有着重要影响②。Klapper 等人通过研究国家整体商业环境与外资准入门槛的关系，发现外资准入门槛的降低有利于金融业的良性发展，而这将有利于国内企业的资金循环，有利于营商环境的优化③。Gecevska 等人从公司产品生命周期的角度出发，指出一个公司的产品和服务的完整生产流程涉及包括消费者、监管机构、股东和公共机构在内的众多利益相关者，因此其产品的推出和赢利需要良好的商业环境，否则将会给公司的生产带来许多困难④。Brown 对商业环境进行监控，跟踪可能对各个企业产生影响的环境变化，从而指出商业环境的变化是理解和管理商业风险的关键因素⑤。Klapper 和 Delgado 通过对世界银行的数据进行分析，发现一个地区的商业环境与当地注册公司数量的增长率呈正相关关系⑥。

经济学人集团旗下的经济学人智库（The Economist Intelligence Unit, EIU）每五年发布一次“营商环境排名”，通过对 82 个国家的政治环境、宏观经济环境、市场机会、政府对自由市场及外国投资的政策、外贸和

---

① Jennifer Tobin, “Foreign Direct Investment and the Business Environment in Developing Countries: The Impact of Bilateral Investment Treaties,” *Working Papers: Yale School of Management's Legal Scholarship Network*, 2005.

② B. Eifert, A. Gelb, and V. Ramachandran, *Business Environment and Comparative Advantage in Africa: Evidence from the Investment Climate Data*, Center for Global Development, 2008.

③ L. F. Klapper, L. A. Laeven, and R. G. Rajan, “Business Environment and Firm Entry: Evidence from International Data,” *Ssrn Electronic Journal*, 2004.

④ V. Gecevska, P. Chiabert, Z. Anisic et al., “Product Lifecycle Management through Innovative and Competitive Business Environment,” *Journal of Industrial Engineering and Management*, 2010, 3 (2): 323-336.

⑤ D. Brown, “Horizon Scanning and the Business Environment: The Implications for Risk Management,” *Bt Technology Journal*, 2007, 25 (1): 208-214.

⑥ L. Klapper, and J. M. Q. Delgado, “The Impact of the Business Environment on the Business Creation Process,” *Policy Research Working Paper*, 2011.

外汇管制、税收、融资、劳动力市场、基础设施等领域的研究，对各国营商环境的质量、吸引度进行排名。EIU 对营商环境的排名不仅基于国家过去的表现，而且基于《经济学人》对未来五年国家营商环境的预判。但是我们可以看到，《经济学人》的数据发布周期过长，而且范围有所限定，缺乏针对全球所有经济体的比较。

此外，为实施促进各国私营部门发展的战略，世界银行成立了 Doing Business 小组来负责营商环境指标体系的构建。从 2003 年到 2018 年，世界银行连续 15 年对全球 190 个经济体的营商环境进行评估，并发布年度《全球营商环境报告》。在首次发布时，仅有 5 项一级指标，覆盖 133 个经济体。而 2018 年，《全球营商环境报告》经过补充、修改与完善，已有 11 项一级指标，覆盖 190 个经济体。其一级指标主要包括：开办企业、办理施工许可、获得电力、登记财产、获得信贷、保护少数投资者、纳税、跨境贸易、执行合同、办理破产、劳动力市场监管。其中，劳动力市场监管仅作为参考，并未纳入排名计算。名次则是按照各经济体的营商便利度依次排序，排名越高表示该经济体从事企业经营活动条件越宽松。虽然世界银行建立了较为完善的指标体系，但是世界银行的营商指数旨在进行国际比较，这就需要其采用的指标具备在各国间比较的普适性。因此，从中国实际情况来看，其中的一些指数并不能完全反映我国营商环境的实际情况。

第二节　中国营商环境评价指标体系

“营商环境”的概念在我国兴起的时间较短，而且以政府出台制度或意见进行探索实践为主。首先对“营商环境”进行系统理论研究和实践的是广东省。2012 年 6 月初，广东省组织开展了“建设法治化国际化营商环境”的相关课题调研。2014 年底，广东省佛山市探索建立了“佛山市营商环境指标体系”，成为国内国际化法治化营商环境实践的先行者。2015 年，广东亚太创新经济研究院在借鉴国内外相关指标体系研究经验的基础上，构建了一套以国际化、法治化、市场化作为一级指标，以对外经贸合作开放度等 48 个二级指标作为量化考核标准的系统化的区域营商环境指标体系。2017 年，广东粤港澳大湾区研究院提出六大类营商环境指标，即软环境、市场环境、商务成本环境、基础设施环境、生态环境、社会服务环境，发布了《2017 年中国城市营商环境报告》。

2018 年，我国营商环境评价指标体系构建取得了突破性发展。2018 年 3 月，国家发改委会同有关部门和地区，从衡量企业生命周期、反映城市投资吸引力、体现城市高质量发展水平三个维度，初步构建了具有中国特色和国际可比性的指标体系，并在 22 个城市进行了试评价。同时，北京市率先开展了对各区营商环境的考核评价机制研究，该评价从问题导向、工作导向和结果导向三个维度，构建了包含国际化、便利化、法治化等多方面内容的 53 项评价指标。2018 年 8 月，国家发改委城市和小城镇改革发展中心主持编写的《2018 中国国家级新区营商环境报告》正式发布，该项测评构建了以企业为核心的营商环境网络 DBN-10（Doing Business Network-10），包括开办企业、落户企业、政务公开、社会服务、市场服务、获得投资、科技资源、人才储备、经营成本和宜业环境十大指标，采用“前沿距离”（Distance to Frontier）算法，首次对上海浦东、天津滨海等七个国家级新区的营商环境进行评估。2018 年 9 月，山东省人民政府办公厅印发《山东省营商环境评价实施方案》，确定了相关评价指标和评价方式，其营商环境评价指标主要包括企业开办、获得信贷、不动产登记、办理施工许可、获得电力、办理纳税六个方面 17 个子项目。

与此同时，国内一些学者以及独立机构也在探索构建我国区域营商环境评价指标体系。如杨涛基于鲁、苏、浙、粤四省的实证研究，构建了以市场发展环境、政策政务环境和科技创新环境为一级指标并有 18 个二级指标的评价指标体系，并就优化国内营商环境提出了三个着力点[①]。董志强、魏下海、汤灿晴通过比较我国 30 个大城市的经济发展沿革发

---

① 杨涛：《营商环境评价指标体系构建研究——基于鲁苏浙粤四省的比较分析》，《商业经济研究》2015 年第 13 期。

现，在控制气候、地理、经济政策、历史经济条件、自然资源丰裕程度等因素的情况下，良好的城市营商软环境对城市经济发展有显著的促进作用，这进一步说明，不同的制度环境会造成经济发展上的显著差异①。黄育容通过分析 2012～2015 年的《全球营商环境报告》，探究其如何评价一个国家的企业营商环境，并为评价营商环境提供了基本的体系框架②。胡益、李启华、江丽鑫以现有国内外研究成果及相关政策要求为基础，建立起以城市为主要考察对象的营商环境指标体系，共设立 3 个一级指标、12 个考核目标、48 个二级指标，其中国际化、市场化、法治化分别设立 16 个二级指标③。宋林霖、何成祥以分析从"招商环境"到"营商环境"的概念演变过程为逻辑起点，参照世界银行构建的指标体系，对标典型国家优良营商环境，提出中国政府应继续深化信用体系、保护投资者、执行合同、办理破产、便利跨境贸易等重点领域的改革，突出中央层面战略设计对国际治理规则与地方政府创新的回应性，加强法律法规、政策和基础实践工作的系统集成，推进国家治理体系和治理能力现代化④。董彪、李仁玉通过分析世界银行发布的《全球营商环境报告》，论述了我国企业营商环境的法治化、国际化现状和问题，指出了法治化、规范化、制度化对于我国营商环境的重要性⑤。孙玉山、刘新利则从税收角度出发，指出税务部门推进税收便利度改革有利于营造公正透明的营商环境⑥。袁康则从地方政府施政角度入手，指出各级地

---

① 董志强、魏下海、汤灿晴：《制度软环境与经济发展——基于 30 个大城市营商环境的经验研究》，《管理世界》2012 年第 4 期。

② 黄育容：《基于〈营商环境报告〉的营商环境评价体系研究》，《企业改革与管理》2015 年第 16 期。

③ 胡益、李启华、江丽鑫：《广东营商环境指标体系研究》，载《市场经济与创新驱动——2015 岭南经济论坛暨广东社会科学学术年会分会场文集》，2015。

④ 宋林霖、何成祥：《优化营商环境视阈下放管服改革的逻辑与推进路径——基于世界银行营商环境指标体系的分析》，《中国行政管理》2018 年第 4 期。

⑤ 董彪、李仁玉：《我国法治化国际化营商环境建设研究——基于〈营商环境报告〉的分析》，《商业经济研究》2016 年第 13 期。

⑥ 孙玉山、刘新利：《推进纳税服务现代化 营造良好营商环境——基于优化营商环境的纳税服务现代化思考》，《税务研究》2018 年第 1 期。

方政府应从明确主体责任、提高行政能力、优化市场监管、完善公共服务四个方面优化营商环境，积极扶持地方企业发展①。2018 年中国财富网联合万博新经济研究院推出了《2018 中国营商环境指数报告》，其评价体系从硬环境和软环境两个维度出发，共分为 35 个指标，并更多地体现了知识产业、信息产业、文化娱乐产业、金融产业等新经济载体对营商环境的要求。

总体而言，以上文献中所构建的中国营商环境评价指标体系多是在世界银行营商环境指标体系的基础上，结合国内外现有研究资料以及对现有营商环境的客观调查资料形成的，缺乏企业主体尤其是民营企业对营商环境的主观评价。

第三节　指标体系的主要维度分析

目前，对营商环境进行评价的主要维度包括国际化、市场化和法治化。具体而言，有关国际化维度的研究更多聚焦在对全球国际大都市发展水平的评价上；市场化维度的研究聚焦于市场化程度、市场主体自由度等方面；法治化维度的研究则更多是基于当地本土化的法制、法规政策，分析政府有关部门的依法治理水平。

一　国际化评价指标体系

从国际研究成果来看，对国际化评价指标体系的研究主要分为两类，一是综合性指标体系；二是单一性指标。综合性指标体系中比较有代表性的是美国学者米尔顿·弗里德曼在 1986 年提出的“世界城市假说”，给出了金融中心、跨国公司总部所在地、国际性机构的集中地、第三产业的高度增长等 7 项主要指标来衡量世界城市。其后在联合国伊斯坦布尔城市年会上提出的城市国际化评价方法，从城市产业结构、经济发展、

① 袁康：《营商环境优化中的地方政府角色——以地方〈优化营商环境条例〉为视角》，《经贸法律评论》2020 年第 3 期。

基础设施建设、社会开放与对外交流水平五大指标层出发，涵盖 17 个评价指标。它是目前国际公认的、学者借鉴最多、最常用的评价方法。而提出单一性指标的代表人物是弗斯托克和泰勒。他们通过考察财务、广告、金融、法律四大产业全球排名前几十位的跨国企业数量及其子公司和分公司在世界城市中的分布数量情况，区分城市的地位和作用，评定出 10 个 α 级城市，10 个 β 级城市，35 个 γ 级城市[①]。

从国内研究成果来看，第一阶段的研究主要受到经济全球化和城市国际化的影响，对城市国际化的评价指标集中在城市的基础建设方面。第二阶段的研究受到城市现代化建设的推进以及城市国际化理论研究进步的影响，对城市国际化的评价指标出现了城市现代化基础和交流并重的局面。北京市经济与社会发展研究所课题组经过综合分析，提出北京建设国际化大都市要采用经济发展、生活水平与社会发展、城市基础设施与生态环境、国际开放交流程度 4 大类评价指标体系[②]。刘玉芳根据国际化城市的概念和判断标准，提出从经济发展、基础设施、社会进步和国际化水平 4 个方面综合评价城市的国际化程度。在第三阶段的研究中，对城市国际化的评价逐渐开始集中到城市的国际交流方面[③]。倪鹏飞提出，对城市的国际化评价不仅要从城市经济国际开放度方面衡量，还要从城市人文国际开放度方面来评价[④]。经济国际开放度用对外贸易依存度、外资占固定资产投资的比重、外企占城市总企业的比重来衡量；人文国际开放度则主要考虑移民人口指数、外语普及率、外来文化影响度。近年来，由于可持续发展以及生态发展理念的影响，城市的国际化标准越来越重视城市的生态可持续性发展。王发明强调城市国际化的最终目标是城市的现代化和国际化，因此城市国际化评价指

---

① 亚太创新经济研究院：《广东营商环境指标体系研究》，载《亚太创新经济研究院 2015 年专家观点集》，2015。

② 北京市经济与社会发展研究所课题组：《北京建设国际化大都市要用哪些评价指标》，《前线》2001 年第 4 期。

③ 刘玉芳：《国际城市评价指标体系研究与探讨》，《城市规划》2007 年第 4 期。

④ 倪鹏飞主编《中国城市竞争力报告 No. 14　新引擎：多中心群网化城市体系》，中国社会科学出版社，2016。

标体系既应包含经济实力、社会发展、生态可持续性、科技创新、城市人口规模等城市现代化指标，也应涉及国家与国际政治权力、国内与国际贸易、全球专业化服务、全球信息、全球消费、世界性活动、全球交通节点、全球制造中心等城市国际化指标①。叶珊珊、翟国方认为城市国际化标准应该考虑以下 7 个指标：综合经济发展水平、国际化程度、基础设施条件、政府财税调控能力、科技创新能力、环境吸引力、人口发展能力②。金元浦结合城市国际化概念，对上述指标进行削减，构建了涵盖经济实力，地区基本情况，居民生活水平，产业结构，通信情况，科技、人力资源情况，国际贸易和可持续发展 8 个指标的城市国际化评价指标体系③。宋炳林、陈琳则对上述 8 个指标进一步归纳总结，将其划分为经济发展、社会进步、国际交往和生态可持续性四个方面④。

二 市场化评价指标体系

从国际研究成果来看，20 世纪 90 年代以来，多家国外的研究机构对全球范围内不同国家的经济自由化程度进行了实证性评估，通过构建各种指标体系对各个国家的市场化进程进行测度，其中以美国传统基金会和加拿大弗拉瑟研究所最具影响力。美国传统基金会从贸易政策、税收、政府的经济干预、货币政策、资本流动及外贸政策、金融、工资及物价控制、产权、规制以及黑市十个方面对经济自由度进行衡量。美国传统基金会采用系数对市场化指数进行测算，将经济自由度划分为五个区间，总指数的区间为［1，5］，其中 1 表示最自由，5 表示最不自由。加拿大弗拉瑟研究所则提出了政府的规模、经济结构与市场运用、货币

① 王发明：《城市国际化水平综合评价指标体系的构建》，《统计与决策》2009 年第 22 期。

② 叶珊珊、翟国方：《城市的国际竞争力及评价指标研究——以南京为例》，载《规划创新：2010 年中国城市规划年会论文集》，重庆出版社，2010。

③ 金元浦：《北京建设中国特色的世界城市发展之路研究》，《城市观察》2011 年第 2 期。

④ 宋炳林、陈琳：《长三角五大都市圈中心城市国际化水平比较研究》，《浙江社会科学》2017 年第 6 期。

政策与价格的稳定性、使用不同通货的自由、法律结构与私有权的保证、对外贸易的自由、资本市场上交换的自由七个因素。欧洲复兴开发银行（EBRD）的改革进展指数（IRP）集中关注经济自由化和制度创新的关键领域。其在 2014 年《商业环境和企业绩效报告》中对 29 个国家的 1.55 万家公司开展了商业环境调研，提出了企业在发展过程中遇到的三大障碍：非正式部门中的不公平竞争、信贷金融业务的受限、昂贵的或难以获得的电力。

从国内的研究成果来看，随着我国市场化改革的逐步推进，国内学者积极探索我国经济市场化进程的测度方法，研究主要分为宏观整体评价和细分领域评价两部分。对宏观整体评价的研究主要有：陈宗胜、陈胜构建的测度市场化进程的指标体系①；樊纲和王小鲁关于各地区市场化进程相对指数的剖析②；孙晓华、李明珊构建的包含政府行为规范化、经济主体自由化、要素资源市场化、产品市场公平化和市场制度完善化五个方面的指标体系③。对细分领域评价的研究主要有：左翔、黄家贤从城市内的资源要素配置角度对市场化进程进行了分析④；纪玉俊、郑金鑫从产业升级角度分析了地区产业转型升级对市场化进程的影响⑤；王瑞祥、王文甫、倪锦文对政府职能、财政体制与市场化进程的作用关系进行了研究⑥。

三 法治化评价指标体系

世界银行公布的全球治理指数（WGI）和世界正义工程（WJP）公

① 陈宗胜、陈胜：《中国农业市场化进程测度》，《经济学家》1999 年第 3 期。

② 樊纲、王小鲁：《中国各地市场化相对进程报告》，《经济研究》2003 年第 3 期。

③ 孙晓华、李明珊：《我国市场化进程的地区差异：2001～2011 年》，《改革》2014 年第 6 期。

④ 左翔、黄家贤：《市场化进程、劳动者社群网络与城市内资源误置》，《财经研究》2021 年第 8 期。

⑤ 纪玉俊、郑金鑫：《论产业升级对地区市场化进程的影响》，《重庆工商大学学报（社会科学版）》2020 年第 3 期。

⑥ 王瑞祥、王文甫、倪锦文：《财政制度垂直失衡、政府竞争与市场化进程》，《财经论丛》2019 年第 2 期。

布的法治指标体系，是法治化评价指标体系中的典型代表。世界银行公布的全球治理指数是由考夫曼等学者归纳综合了多个政府和非政府组织的多种指标，主要用于评估国家的法治状况的综合指标体系。该体系最初由法治、控制腐败、政府的效能三个方面组成，后来将尊重公民的基本权利、政府的透明度、政府的选择、监管、政权交接的过程、政府的效能、对市场经济的维护等作为主要的评价维度。其指标设计的初衷很大程度上是为商业经济服务。世界正义工程公布的法治指标体系提供了一个不断完善的指标评估体系，从2008年开始的1.0版本，一直更新到2014年的6.0版本，除了数量变化，指标划分也做出了改变。目前，WJP体系中的法治政府评估指标涵盖了法治政府关于有限的政府权力、遏制腐败、秩序和安全、权利保护、信息公开、效率政府六个方面的内容。这些指标从公众的视角观察一个政府是否在法治的原则下运行。虽然法治政府的评价有地方性、文化性等差异，但是成熟的全球治理指数和法治指标体系能够为我国法治政府的评估体系的完善提供借鉴。

国内法治化测度由于在指标体系建设上缺乏统一标准，各个地区的做法相差较大。虽然法治政府评估体系种类繁多，但是从评估模式来看，主要分为两类：一是附属于法治指数的评估方式；二是法治政府的转向评估模式。前者是以香港、余杭等地为代表。香港法治指数的指标设计主要通过“归纳法治”来实现，采用了质化和量化相结合的方式。量化指标主要有对政府官员的投诉、调查、入罪等，这些数据可以反映官员的廉洁程度。质化指标则是通过公众对政府法治的直接感受对政府进行评价。在最后指标量化的过程中，香港并没有将指标的数据直接形成指数，而是通过专家评审确定比重，最终形成指数。后者主要以中国政法大学的法治政府建设评估指标体系和地方法治政府建设指标体系为代表。中国政法大学法治政府研究院试图通过建设一个独立评估主体，达到适用全国、力求科学、注重操作、兼顾定性与定量评价的目的，其指标体系设置了7个一级指标、30个二级指标、

60 个三级指标[①]。

第四节　指标体系的构建

一　构建依据

在本书中，全面的营商环境综合评价体系可以为各级政府部门决策提供理论上的依据。营商环境的水平关乎城市的发展方向和城市发展的未来，科学、全面的营商环境发展综合评价体系可以引导城市营商环境发展，使城市的经济社会得到全面、可持续的发展。因此，需要建立一套完整有效的营商环境总体发展评价体系，通过建立全新的营商环境政务考核体系，促进政府营商环境方面的工作，推动经济、社会和资源环境等各个方面的协调发展。全新的评价体系可以为各级政府部门决策提供依据，同时还可以向社会公众定期发布，形成对政府工作的有效监督。因此，本书将对营商环境综合评价体系的建立展开探讨和研究。

建立全面的发展综合指标的初衷是通过采集汇总与营商环境有关的经济社会发展综合性数据，形成多维度指标，更为准确地反映出各个地区营商环境的实际情况、未来发展空间和政策可能性。

近年来，学界在营商环境方面提出了诸多具有评价意义的指标。但是，这些指标通常使用的是统计方面的数据，统计数据无法对企业在地区的发展情况进行全景性的衡量评价。因此，应当建立基于统计和调查等的多元化指标体系，通过对涉及企业活动的多个维度的测量和评价，实现对企业发展情况的综合性、科学性的全面描述。

本书建立的指标不同于一般的宏观经济指标，而是重点反映企业对营商环境的认知，通过对企业主观评价数据的采集，形成自下而上的指标集合。因此，在指标体系中，建立了以认知和评价为核心的评价指标。这类指标的设计有效反映了企业发展的现状。

---

① 石楠、崔岩：《营商环境指标体系文献综述》，《中国市场监管研究》2019 年第 1 期。

二　指标体系的建立

营商环境指标模型如表 1－1 所示。

表 1－1　营商环境指标模型

<table>
<tr><th>一级指标</th><th>二级指标</th><th>三级指标</th><th>四级指标</th></tr>
<tr><td rowspan="23">营商环境</td><td rowspan="23">政务环境</td><td rowspan="5">政策支持</td><td>政府支持企业发展政策落地情况</td></tr>
<tr><td>政府鼓励创新创业政策落实情况</td></tr>
<tr><td>政府鼓励企业引进人才的优惠待遇落实情况</td></tr>
<tr><td>存在政府相关部门干预、限制企业生产经营情况</td></tr>
<tr><td>政策落实过程中存在“懒政”现象</td></tr>
<tr><td rowspan="5">政府服务</td><td>政府及相关部门总体诚信程度</td></tr>
<tr><td>服务窗口提供“一窗通办”服务质量</td></tr>
<tr><td>窗口工作人员的服务能力和服务态度</td></tr>
<tr><td>服务网站、移动客户端等提供“一网通办”的便利程度</td></tr>
<tr><td>政府部门办事总体效率</td></tr>
<tr><td rowspan="5">政府行政人员廉洁清正</td><td>政府拖欠企业工程款等</td></tr>
<tr><td>存在无理刁难、吃拿卡要现象</td></tr>
<tr><td>存在以无政策依据为由拒绝企业合理诉求的情况</td></tr>
<tr><td>以各种理由让企业缴纳培训费、咨询费、赞助费等</td></tr>
<tr><td>迫使企业购买关联企业产品</td></tr>
<tr><td rowspan="8">规划审批</td><td>税务部门服务态度</td></tr>
<tr><td>税务部门办事效率</td></tr>
<tr><td>税收优惠政策落实情况</td></tr>
<tr><td>办理营业执照</td></tr>
<tr><td>办理企业注销</td></tr>
<tr><td>办理不动产登记交易</td></tr>
<tr><td>办理施工许可</td></tr>
<tr><td>行政审批环节和时间</td></tr>
</table>

续表

一级指标	二级指标	三级指标	四级指标
营商环境	市场经营环境	市场监管状况	监管部门在监督检查、达标评比活动时公开、公正
			经营者接受检查次数
			接受检查平均花费时间
			接受检查花费资金
		税负情况	对目前企业税负的评价
			对地价或租金的评价
			对大企业的竞争压力的评价
		劳动力情况	全社会研发支出
			城镇新增就业人员
			普通高校在校生
			在岗职工平均工资
		经济发展水平	工业用电量
			人均地区生产总值
			第三产业比重
			水电等基础设施
		资金可及性	取得抵押贷款的难易程度
			取得信用贷款的难易程度
			取得贷款手续便捷程度
	社会环境	社会风气	社会信用
			公民的诚信程度
			关联企业的信用水平
			社会组织和第三方服务机构的信用水平
		地区公共服务和可及性	社会保障
			义务教育
			高等院校及科研院所人才培养
			医疗服务
			生态环境
			生活便利程度
			交通便利程度
			休闲文化娱乐设施
			社会公共服务总体评价

续表

一级指标	二级指标	三级指标	四级指标
营商环境	社会环境	地区基础设施	市区人口密度
			人均道路面积
			人均公园绿地面积
			建成区绿化覆盖率
			供水综合生产能力
			公共交通运营车数
			天然气供气总量
			道路长度
			园林绿地面积
			公园绿地面积
			二氧化硫、氮氧化物、烟（粉）尘区域总量
			全体居民人均可支配收入
	法治环境	执法部门公平公正	执法和司法部门的公正程度
			政府部门依法行政
			政府部门实施政策、规定透明、公正
		权利保护和法律救济可及性	私有财产权的法律保护力度
			司法判决执行落实情况
			投诉政府部门的渠道畅通情况
		消费法治环境	商品假冒伪劣
			价格欺诈
			虚假广告宣传
			使用、伪造他人商标、标识、包装等
			消费者恶意投诉
			职业打假人恶意投诉
	开放与消费环境	民营企业公平竞争环境	民营企业受政府重视情况
			民营企业通过正规途径获取政策信息程度
			各类促进民营企业发展优惠政策落实到位程度
		大型企业垄断和限制竞争情况	民营企业与国有企业不公平竞争程度
			大企业的市场垄断程度
			地方保护程度
			限制竞争情况

三　指标体系算法的建立

（一）算法综合评述

在具体指标体系构建的算法上，本书采用神经网络（主要使用的算法）和聚类投射算法等细分模型。神经网络模型的优势在于智能化，可以帮助我们研究复杂数据之间的结构关系（见图1－1）。智能化既可以减少人为干预模型的训练过程，以增加训练识别微观信息的能力，提高准确率，又可以增加定制化的网络结构调整功能，对复杂的网络进行分析等，尤其是在多维度建模情况下，实现调查经验知识与统计方法的融合。但这种分析方法本身存在的缺点也很多，如预分析中需要考虑缺省值填补、异常值设限等技术。此外，构建模型后，影响因素与被预测变量间的关系比较模糊，难以对现有的需求给予准确的决策支持，很难做出准确判断。而聚类投射算法等模型可以有效解析以上问题。

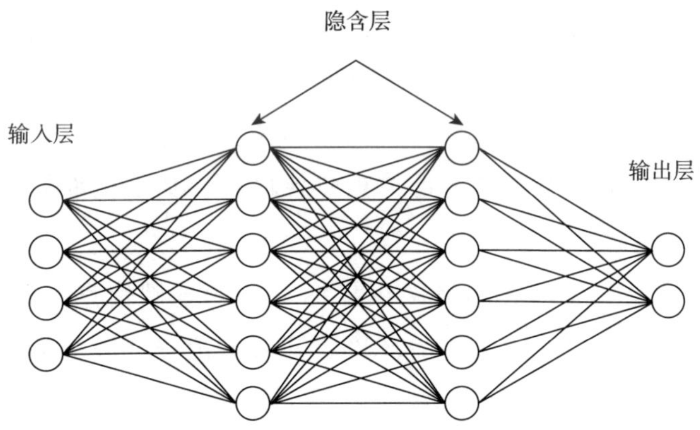

图1－1　神经网络模型

（二）主要采用的神经网络模型详述

构建模型之前需要将大部分时间花在数据清理或预分析上，预分析的每个环节都需要调查数据与统计数据相结合，实现缺省值填补、异常值设限、特征变换等。

从具体指标权重的计算上，首先通过建立数据标准化矩阵，对原始数据进行去量纲化处理，将其作为神经网络模型的输入变量，形成权重矩阵，并对不同营商环境指标的影响效应的相对权重进行分析。具体如下。

对于营商环境指标评估模型，采用多层感知等模型，对于神经网络结构来说，我们进一步定义了输入层、隐含层和输出层。其中，输入层是原始数据的标准化矩阵，隐含层主要处理非线性数据，输出层则输出权重结果。从模型看，假设输入与输出之间存在的映射关系为 F（x），直接找到这一映射关系往往是十分困难的。我们采用深度学习对数据的表示分层，高层的表示建立在低层的表示之上，神经网络能够从数据简单的表示中来学习更为复杂的表示，即用深度学习把一个复杂的表示学习问题分成一系列嵌套的简单的表示学习问题：

$$F(x)=F1(F2(F3(x)))$$

在这一架构中，每一层都是较为简单的运算关系，但是多层结合起来将展示出模型强大的力量。本课题采用的网络模型，包括其输入输出模型、作用函数模型、误差计算模型和自学习模型。该算法的本质是将输入/输出映射编码为一个多层感知器的突触权值和阈值。突触权值和阈值构成网络参数的集合，学习过程是要选择符合某个标准的“最好”的一组参数。

输入信号包含与营商环境次级指标有关的基础信息，即政务环境、市场经营环境、社会环境、法治环境、开放与消费环境等调查数据和统计数据。

整体来说，运用神经网络模型可实现函数逼近、数据聚类、模式分类等功能，模型整合人工智能、机器学习、统计学等知识，全面对营商环境多维指标进行分类评价，并对各个指标的影响因素进行权重分析，更为准确全面。

神经网络具有较高的准确率，学习能力较强，对噪声有较强的鲁棒性和容错能力，能充分逼近复杂的非线性关系。当然，神经网络也存在一些问题，例如，需要大量参数，如网络拓扑结构、权值和阈值的初始值设定；学习过程相对来说无法解构，输出结果难以解释。

（三）研究方法的基本结论

在本研究中，我们通过大数据机器学习和神经网络算法，对营商环境指标体系进行评估。具体来说，神经网络是一种模拟神经网络行为特征，进行分布式并行信息处理的算法。这种网络依据系统的复杂程度，通过调整内部大量节点之间相互连接的关系，从而达到处理信息的目的。就神经网络基础构成来说，网络由大量简单的基础神经元相互连接而成，通过模拟神经处理信息的方式，进行信息的并行处理和非线性转化。神经网络算法能够比较轻松地实现非线性映射过程，具有大规模的计算能力，能够利用计算机语言模拟决策的过程，从而对数据进行有效处理，并具有较强的预测能力。

针对传统指标体系评估准确率低、主观性强、维度单一的问题，本研究采用了数据融合和数据挖掘等技术。本研究基于神经网络的权值分析的影响效应分析技术，提高指标体系的科学性和准确率。

第二章
政务环境：基本情况及指标分析

第一节 全国政务环境文献综述

党的十八大以来，党和政府高度重视转变政府职能，把“放管服”改革作为全面深化改革的重要内容持续推进，多次做出重要部署。良好的政务环境是“放管服”改革成效的有力证明。截至2019年，全国各省（区、市）、各地区均已积极改善当地政务环境。

在东北地区，2016～2017年，沈阳市为打造优质的政务环境，采取了如下措施：（1）强化窗口单位效能监察，纠正不作为、慢作为、乱作为，查处一批负面案例；（2）实施“多规合一”改革，完善权责清单、负面清单；（3）行政审批事项再精简，明确所有事项办结时限不超过国家规定的40%；（4）建设“亲清”新型政商关系，制定干部联系服务企业制度、企业问题收集处理制度。哈尔滨市根据当地情况，也采取了多项措施完善政务环境，具体包括：（1）转变政府职能，推进机构改革；（2）调整权责清单，重新向社会公布；（3）开展三轮行政审批中介服务清理规范；（4）推进行政审批改革“跑一次、零见面”；（5）推行负面清单制度改革；（6）实施企业“多证合一、一照一码”登记制度；（7）实施行政审批“一号申请、一窗受理、一网通办”；（8）推进“互联网+政务服务”体系建设。长春市也采取了如下措施：（1）涉及17个部门的32证顺利整合为一照一码；（2）政府部门权力清单全部完成并向社会公布；（3）设立行政审批局，再造审批流程，压缩审批时间；（4）全面铺开“一门式、一张网”审批服务，设立综合窗口，实行统一标准、统一受理、统一分办、统一反馈；（5）推进并联审批；（6）重大项目建立“绿色通道”，实行领办代办制，确保一个月内完成项目落位。在中南地区，湖北省政府实行“三集中”试点工作，自“三集中”后，办理行政审批成为审批办工作重点，办事项由原来最快一个月办理一批改为两三周一批，资质证书变更和企业进出省备案等快办事项，材料齐全的基本做到随到随办，审批时间明显缩短。快办事项平均2个工作日，与法定工作时间相比，提速60%；期办事项平均12.9个工作日，提速36%；另外，安全生产许可证事项平均14.1个工作日（法定时间45个工作日），提速69%。与以往相比，期办事项平均提速45%。[①] 在华东地区，山东省临沂市2017年通过“整链条”优化，7类事项平均压缩办理时间64%，精简审批要件29%，实现了“一窗通办、一网通行、最多跑一次”。[②] 在西南地区，成都市武侯区在全国率先启动以“相对集中行政许可权”为核心的行政审批体制改革，首创“一枚印章管审批”“一个大厅管服务”等经验做法，打造了具有全国影响力的行政审批体制改革“武侯样本”。运用人工智能技术，提高审批效能，自2017年12月开通“无人办”以来，共办理4万余件审批事项，此外，成都市创新性推出“主题式”审批服务项目。目前，武侯区已推出“我要开书店”“我要开酒吧”等86个“主题式”服务项目，把原来涉及税务、工商、银行、公安及消防等部门的办事流程有效组合，实现证照组合办理，材料共享复用，一次交件、一窗受理、一网通办，变群众“多头跑路”

---

① 胡贵玉：《努力打造群众满意的政务环境——湖北省住房和城乡建设厅行政审批“三集中”试点工作纪实》，《中华建设》2012年第1期，第22~23页。

② 临沂市编办：《临沂市深入推进“整链条”办理打造优质高效政务环境》，《机构与行政》2018年第3期，第19~20页。

为“仅跑一次”。同时，实现了办结时间压减40%、办事材料压减49%、办理环节压减50%的高效服务。① 在东南地区，浙江省杭州市自2007年以来，以行政服务中心为平台，在清理审批事项、优化审批流程、强化政务公开、健全服务体系等方面进行了积极探索与实践。如在国内率先建成以“一家两中心”（“市民之家”、市行政服务中心和市公共资源交易中心）为核心的综合性政府服务平台，共进驻70余家职能部门和有关单位，设置窗口321个，可办理各类审批和服务事项942项，是杭州市委、市政府服务广大市民、企业和投资者的“第一窗口”，成为杭州政务服务的一张“金名片”。依托这一服务平台，市行政审批服务管理办公室（“一家两中心”的管理机构）组织广大窗口单位积极创新审批服务的方式方法，先后推出了“非行政许可审批事项长效管理”、“一次性告知制”、“首席代表制”、“形式审查制”、“房产三证”联办、政府采购“网上商城”等一系列创新举措，取得了显著成效。如依托“市民之家”推出的“房产三证”联办模式，整个流程简化为“一次进件、一次交费、一次发证”，“三证”的办理时间最短仅需90分钟，创造了全国之最。② 在西北地区，2014年12月，宁夏回族自治区银川市成立行政审批局和市民大厅，划转了26个部门的153项审批事项，成为西部地区首个将各部门行政审批事项集中进行审批的城市。之后，固原市、永宁县、贺兰县、西吉县4个市、县成立了行政审批服务局。吴忠等地级市重点推进相对集中行政许可权改革，实行集成化服务模式。截至2018年6月，宁夏回族自治区区级政府部门行政职权由6264项减少为1930项，清理压缩事项达到了69.2%；市、县两级精简事项平均超过40%。非行政许可全部清零，减少了办事环节和“关口”。全自治区786项审批事项覆盖到区、市、县、乡、村五级。不见面办理事项达1950余项。实现不出村办理事项35项。工商系统的“44证

---

① 童晶：《加快行政审批制度改革 打造国际化标准政务环境——以成都武侯区行政审批服务便民化标准化改革为样本》，《成都行政学院学报》2019年第6期，第11~15页。

② 杭州市行政审批服务管理办公室：《深化审批改革 完善平台功能 努力打造杭州更加务实高效的政务环境》，《杭州（周刊）》2013年第8期。

合一”走在全国前列。截至2018年6月底，宁夏全区共颁发营业执照59735份，比商事制度改革前增长74.54%。[①] 在西南地区，昆明市贯彻实施国家和云南省对改善政务环境的各项要求，出台培育和壮大民营经济的重大举措，推出各项政策措施，如《昆明市人民政府关于昆明市加快推进“互联网+政务服务+公共资源交易+投资服务”的实施意见》《昆明市人民政府关于昆明市推进“最多跑一次”改革实施意见》《昆明市人民政府关于进一步深化放管服 改革优化营商环境的实施意见》，出台《关于建设国际营商环境“四个一”的实施意见》，制定《昆明市推进简政放权放管结合转变政府职能工作方案》《关于昆明市全力推进一网通办、审批服务便民利企、加快打造国际一流营商环境工作方案》，优化政务环境。截至2018年5月，在全国省会城市中，昆明市的行政审批事项最少。有614项事项通过网上大厅，以提前预审或免费邮寄的方式实现了“最多跑一次”，“3550”改革目标初步实现，“双随机、一公开”监管在全市各领域全覆盖。截至2018年10月16日，取消证明材料356项，审批要件精简了38%，实现“五十证合一”，审批时限压缩51%，深入推动商事制度改革、“减证便民”行动。清理规范行政审批中介服务事项61项，实现投资审批中介超市全覆盖，有效破除中介垄断。通过“六个一批”举措，加大简政放权力度，精简规范后市本级实施行政许可事项80项。公布“最多跑一次”改革事项2425项，累计办理“最多跑一次”事项2500余万件。5个市级部门设立行政审批处，5个主城区和4个开发（度假）园区组建行政审批局，“放管服”改革向纵深发展。积极打造网上政务服务平台，推进“互联网+政务服务+公共资源交易+投资服务+党群服务”新模式，24个市级部门269个办事项实行“一窗受理、一网办理”。公共资源实现全流程电子化交易，率先开展跨省远程异地评标。[②] 在华北地区，唐

---

① 郭亚莉：《西北地区政务环境的现实困境及优化路径》，《财经理论研究》2019年第2期，第8~13页。

② 梁园：《优化昆明营商环境　发展壮大民营经济》，《社会主义论坛》2019年第1期，第21~22页。

山市聚焦“审批环节最少、审批时限最短”，打造全新审批服务模式；同时做出“服务受理零推诿、服务方式零距离、服务质量零差距、服务结果零投诉、服务全程零收费”的“五零”服务承诺，努力优化当地政务环境，截至2018年9月，该市梳理出了减少、下放的审批事项清单和削减收费、降低标准清单，实现了审批事项最少和收费水平最低，并完成提升政务环境等“7项改革”以及政务服务特色品牌创建工作。①

在看到不同地区、不同城市为打造高质量政务环境做出不懈努力的同时，也要看到一些城市的政务环境仍存在不少问题。例如，在西北地区，宁夏政务服务“一张网”虽然已整合了自治区直属部门的9个专业审批系统，但还有40多个没有整合，而国家部委的40多个专业系统，虽然国家正在组织整合工作，但进度相对较慢，政务服务平台对法人、人口等基础信息以及一些垂管系统数据共享需求大，供需矛盾较为突出。自治区首府银川市的行政审批系统与全区“一张网”还没有实现对接。吴忠市现有29个审批系统，其中国家级专网15个，自治区级专网14个，这些系统均在并行使用。② 对比成效较好的城市，东北地区一些城市审批事项和审批环节仍较多，审批周期较长。一方面，各区县同一职能部门的审批业务尚未实现联网，服务标准不统一，大部分提交审批的人在审批材料未递交至行政审批服务中心前，必须要花费大量的时间和精力去各部门逐个咨询，就连各办事大厅提供的登记文件模板都不一样，字体字号稍不相同就不能使用，市民办事常常“多头跑”。另一方面，行政审批权力分布“头重脚轻”，审批程序仍然烦琐，时限较长，对于涉及跨业务领域、跨层级、跨地区的事项，权力分布得不均衡，导致环节之间衔接不上、协调不顺，审批链条层层受阻，关键节点处处受卡。③

---

① 《唐山全力打造优化营商环境“四最”品牌》，河北新闻网，http://hebei.hebnews.cn/2018-04/02/content_6830996.htm。

② 郭亚莉：《西北地区政务环境的现实困境及优化路径》，《财经理论研究》2019年第2期，第8~13页。

③ 张帆：《东北地区营商政务环境优化问题研究》，《现代营销（经营版）》2019年第11期，第72~74页。

在华东地区，合肥市存在各部门间互相“踢皮球”、窗口工作人员缺乏积极性，以及党风廉政建设责任和工作要求落实不到位、廉政建设存在薄弱环节等问题。[①]

通过对相关研究文献进行梳理，笔者发现全国不同地区的城市积极打造当地政务环境，努力与问题并存。当前，为了从总体上把握全国政务环境情况，厘清不同城市之间政务环境的差异，从而有针对性地进一步改善全国政务环境，本章将从政府服务、政策支持、行政人员廉洁清正和规划审批四个主要方面分析全国政务环境的现状。

第二节　政府服务与政策支持

不断优化政府服务不仅是我国“放管服”改革的重要举措，也是我国在国际市场竞争中提高生产力、竞争力、吸引力的重要手段，可以满足打造一流营商环境的迫切需要。抓服务就是抓机遇。实践证明，完善政府服务是促进经济发展的有效之道，只有提供优质的政府服务，才能形成洼地效应，吸引各类人才、企业、信息、资金等大量涌入，只有栽好了梧桐树，才能引来金凤凰。本节从政府诚信情况、政府服务质量和政府服务效率三个方面来考察我国政府服务的现状。支持政策对企业的发展起到了重要的引领、培育作用，企业健康、快速的发展离不开政府的支持政策，本节从支持政策落实情况、政策限制企业发展情况、工作“懒政”情况和政策出台、实施情况四个方面来反映政策支持的现状。

一　政府诚信情况

政府诚信是优化政务环境的重要内容。为了考察政府的总体诚信情况，本研究主要通过“政府及相关部门总体诚信程度”以及“监管部门

---

① 合肥市委党校课题组：《合肥政务环境建设存在的问题及对策建议》，《中共合肥市委党校学报》2016 年第 3 期，第 63～64 页。

在监督检查、达标评比活动时公开、公正”两个指标来测量，每个指标由民营企业打分，分值为 1 ~ 5 分，分值越高代表认可程度越高。其中，2 分及以下表示不满意，评价较低；3 分表示评价一般；4 分及以上表示满意，评价较高。

从全国总体情况来看，如图 2 – 1 所示，参与调查的 34 个城市的民营企业对“政府及相关部门总体诚信程度”评价的平均得分为 4.58 分，对“监管部门在监督检查、达标评比活动时公开、公正”评价的平均得分为 4.60 分，两项得分均接近满分，表明政府具有很高的公信力。这一结果主要得益于党的十八大以来党中央的努力。2016 年 11 月 1 日，中央全面深化改革领导小组第二十九次会议审议通过了《关于加强政务诚信建设的指导意见》。从要求公开各级政府和公务员政务失信记录，到明确不得以政府换届、相关责任人更替等理由毁约，从明确将危害群众利益、损害市场公平交易等政务失信行为作为治理重点，到探索构建广泛有效的政务诚信监督体系，该意见击中要害，政务诚信建设的制度机制正在建立健全，政务失信的“高压线”正在架起。党中央高度重视政务诚信的建设，为民营企业打造了高质量的政务环境，获得了全国民营企业的认可。

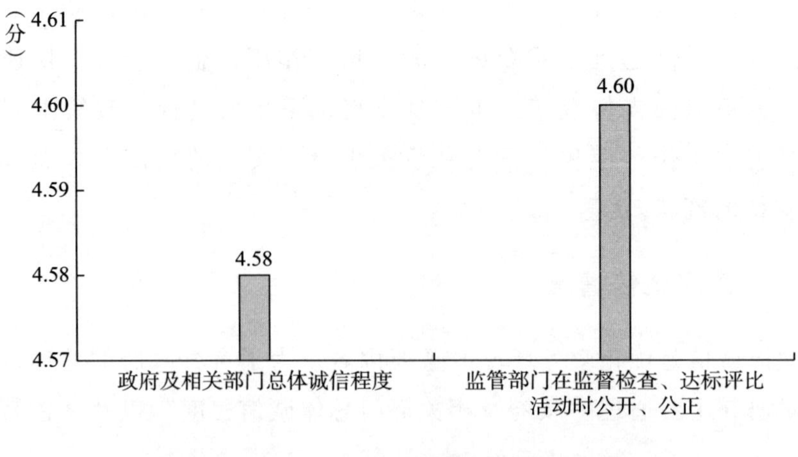

图 2 – 1　民营企业对政府总体诚信情况的评价

具体来看，参与调查的 34 个城市的民营企业对政府诚信水平的满意情况不同。表 2－1 展示了不同城市的民营企业对当地政府及相关部门总体诚信程度的满意情况。从整体看，90% 以上的民营企业对当地政府及相关部门总体诚信程度表示满意的城市有 24 个，分别是广州市、杭州市、南京市、武汉市、石家庄市、天津市、福州市、成都市、大连市、西安市、哈尔滨市、南宁市、宁波市、济南市、郑州市、长春市、海口市、上海市、北京市、太原市、贵阳市、南昌市、乌鲁木齐市和厦门市，占比为 70.6%；80%～90% 的民营企业对当地政府及相关部门总体诚信程度表示满意的城市有 5 个，分别是深圳市、合肥市、沈阳市、长沙市和银川市，占比为 14.7%；不足 80% 的民营企业对当地政府及相关部门总体诚信程度持满意态度的城市有 5 个，占比为 14.7%。

其中，广州市 100% 的民营企业对广州市人民政府及相关部门的总体诚信程度持满意态度。杭州市、南京市以及武汉市对当地政府及相关部门总体诚信程度满意的民营企业占比均在 98% 及以上。

表 2－1　不同城市民营企业对当地政府及相关部门总体诚信程度的满意情况（前 10 名）

单位：%

排名	城市	百分比
1	广州市	100.0
2	杭州市	99.8
3	南京市	99.8
4	武汉市	98.0
5	石家庄市	97.9
6	天津市	96.7
7	福州市	96.7
8	成都市	96.4
9	大连市	96.2
10	西安市	95.9

表 2－2 展示了 34 个城市的民营企业对当地监管部门在监督检查、

达标评比活动时公开、公正的满意情况。80%以上的民营企业对当地监管部门在监督检查、达标评比活动时公开、公正表示满意的城市有31个，占比为91.2%。其中，90%以上的民营企业对此表示满意的城市有22个，分别为广州市、杭州市、南京市、武汉市、石家庄市、西安市、福州市、大连市、哈尔滨市、成都市、天津市、郑州市、长春市、济南市、南宁市、贵阳市、海口市、宁波市、太原市、上海市、北京市和南昌市，占比为64.7%。

和不同城市的民营企业对当地政府及相关部门总体诚信程度的满意情况类似，广州市、杭州市、南京市和武汉市的民营企业的满意度最高，这四个城市的民营企业对当地监管部门在监督检查、达标评比活动时公开、公正表示满意的占比分别为100%、99.3%、99.3%和98.7%。

表2-2 不同城市民营企业对当地监管部门在监督检查、达标评比活动时公开、公正的满意情况（前10名）

单位：%

排名	城市	百分比
1	广州市	100.0
2	杭州市	99.3
3	南京市	99.3
4	武汉市	98.7
5	石家庄市	97.7
6	西安市	97.2
7	福州市	97.2
8	大连市	97.1
9	哈尔滨市	96.6
10	成都市	96.4

二 政府服务质量

对政府服务质量的考察，本研究主要从“服务窗口提供‘一窗通办’服务质量”、“窗口工作人员的服务能力和服务态度”、“服务网站、移动客户端等提供'一网通办'的便利程度"以及"服务窗口办事过程和流程透明、清楚程度"四个方面来衡量，每个方面由民营企业进行打分，最低分为1分，最高分为5分，分值越高表示评价越高。其中，1~2分表示评价较低，对服务不满意；3分表示评价一般；4~5分表示评价较高，对服务满意。

根据评分情况我们发现，民营企业对政府服务质量给予了较高的评价，四个方面的评价得分均在4.5分以上。具体来说，如图2-2所示，民营企业对"服务窗口提供'一窗通办'服务质量"评价的平均得分为4.56分，对"窗口工作人员的服务能力和服务态度"评价的平均得分为4.53分，对"服务网站、移动客户端等提供'一网通办'的便利程度"评价的平均得分为4.56分，对"服务窗口办事过程和流程透明、清楚程度"评价的平均得分为4.60分。

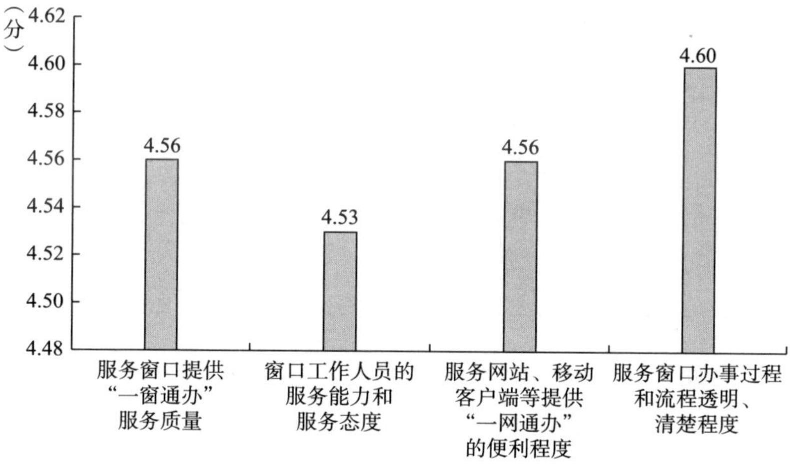

图2-2　民营企业对政府服务质量的评价

根据表2-3，我们发现不同城市的民营企业对服务窗口办事过程和流程透明、清楚程度的评价不同。在参与调查的34个城市中，90%以上的民营企业对当地服务窗口办事过程和流程透明、清楚程度表示满意的城市有21个，分别是广州市、杭州市、南京市、武汉市、西安市、大连市、石家庄市、福州市、郑州市、哈尔滨市、南宁市、天津市、宁波市、济南市、贵阳市、厦门市、海口市、长春市、南昌市、上海市和北京市，占比为61.8%。其中，广州市、杭州市和南京市的民营企业对当地服务窗口办事过程和流程透明、清楚程度表示满意的占比分别为100%、99.8%和99.5%。其余13个城市对当地服务窗口办事过程和流程透明、清楚程度表示满意的民营企业占比均在90%以下。

表2-3　不同城市民营企业对当地服务窗口办事过程和流程透明、清楚程度的满意情况（前10名）

单位：%

排名	城市	百分比
1	广州市	100.0
2	杭州市	99.8
3	南京市	99.5
4	武汉市	98.2
5	西安市	98.1
6	大连市	98.1
7	石家庄市	97.7
8	福州市	96.7
9	郑州市	95.3
10	哈尔滨市	95.0

为了让服务更高效，全国各大城市均在推进“一窗通办”服务改革。通过调研，如表2-4所示，在34个城市中，90%以上的民营企业对当地服务窗口提供“一窗通办”服务质量表示满意的城市有20个，分别是广州市、南京市、杭州市、大连市、武汉市、西安市、石家庄市、南宁市、哈尔滨市、郑州市、宁波市、福州市、济南市、贵阳市、上海市、北京市、厦门市、长春市、海口市和南昌市，占比为58.8%；80%~90%的民营企业对当地服务窗口提供“一窗通办”服务质量表示满意的城市有9个，分别是太原市、天津市、合肥市、深圳市、乌鲁木齐、沈阳市、长沙市、银川市和西宁市，占比为26.5%；80%以下的民

营企业对当地服务窗口提供“一窗通办”服务质量持满意态度的城市只有5个，占比为14.7%。

其中，广州市100%的民营企业对当地服务窗口提供“一窗通办”服务质量表示满意，南京市和杭州市分别有99.5%和99.1%的民营企业对当地服务窗口提供“一窗通办”的服务质量表示满意。

表2-4　不同城市民营企业对当地服务窗口提供“一窗通办”服务质量的满意情况（前10名）

单位：%

排名	城市	百分比
1	广州市	100.0
2	南京市	99.5
3	杭州市	99.1
4	大连市	98.6
5	武汉市	98.5
6	西安市	98.1
7	石家庄市	96.9
8	南宁市	96.3
9	哈尔滨市	95.0
10	郑州市	95.0

窗口工作人员的服务能力和服务态度也是测量政府服务质量的重要指标。根据表2-5可知，广州市、南京市、杭州市、武汉市和西安市的民营企业对当地窗口工作人员服务能力和服务态度表示满意的占比分别为100.0%、99.5%、98.7%、98.2%和97.5%。从城市分布来看，90%以上的民营企业对当地窗口工作人员的服务能力和服务态度表示满意的城市有17个，占比为50.0%；80%~90%的民营企业对窗口工作人员的服务能力和服务态度表示满意的城市有12个，占比为35.3%；不足80%的民营企业对当地窗口工作人员的服务能力和服务态度表示满意的城市有5个，占比为14.7%。

表 2-5　不同城市民营企业对当地窗口工作人员的服务能力和服务态度的满意情况（前 10 名）

单位：%

排名	城市	百分比
1	广州市	100.0
2	南京市	99.5
3	杭州市	98.7
4	武汉市	98.2
5	西安市	97.5
6	石家庄市	97.2
7	哈尔滨市	96.6
8	大连市	95.2
9	宁波市	94.3
10	郑州市	94.2

在服务网站、移动客户端等提供“一网通办”的便利程度方面，如表 2-6 所示，参与调查的 34 个城市中，90% 以上的民营企业对当地服务网站、移动客户端等提供“一网通办”的便利程度表示满意的城市有 22 个，分别是南京市、杭州市、西安市、武汉市、大连市、广州市、福州市、石家庄市、贵阳市、哈尔滨市、郑州市、天津市、南宁市、长春市、济南市、太原市、宁波市、上海市、海口市、南昌市、北京市和厦门市，占比为 64.7%；80%～90% 的民营企业对当地服务网站、移动客户端等提供“一网通办”的便利程度表示满意的城市有 7 个，占比为 20.6%；不足 80% 的民营企业对当地服务网站、移动客户端等提供“一网通办”的便利程度表示满意的城市有 5 个，占比为 14.7%。

其中，南京市有 99.5% 的民营企业对当地服务网站、移动客户端等提供“一网通办”的便利程度表示满意。和对上述几项服务的满意情况不同，在此项中，广州市打破以往 100% 满意的局面，有 97.0% 的民营企业对服务网站、移动客户端等提供“一网通办”的便利程度表示满意。南京市的成绩可能基于其“一网通办”总体门户全程兜底服务，该服务的亮点在于将分散于全市各级各部门的网上政务服务事项办理入口汇聚到一个网络平台，即依托江苏政务服务网建成南京政务服务“一网通办”总门户。有了总门户，企业可以通过互联网登录政务服务门户（PC端）、“我的南京”APP（移动端）、政务服务一体机（自助终端）等多渠道申办服务事项，形成了以网络线上办事为主、以大厅线下为补充的政务服务新模式。这样，企业服务的申办更加迅速、信息公开更加全面、智能检索更加便利。企业从服务查询到服务办理都变得更加简单便捷，因而对当地“一网通办”服务给予了高度认可。

表2-6　不同城市民营企业对当地服务网站、移动客户端等提供“一网通办”的便利程度的满意情况（前10名）

单位：%

排名	城市	百分比
1	南京市	99.5
2	杭州市	98.4
3	西安市	97.8
4	武汉市	97.7
5	大连市	97.1
6	广州市	97.0
7	福州市	96.7
8	石家庄市	95.9
9	贵阳市	95.7
10	哈尔滨市	95.4

三　政府服务效率

政府的服务效率主要表现在“窗口服务部门在规定时限内完成相关审批事项”、“服务网站、移动客户端等在规定时限内完成相关审批事项”和“政府部门办事总体效率”三个方面。在民营企业的评分中，三个方面的平均得分依次为4.54分、4.52分和4.45分（见图2-3）。其中，1~2分表示评价较低，对相关服务不满意；3分表示评价一般；4~5分表示评价较高，对相关服务满意。由此可见，我国民营企业对当前政府提供的这三项服务整体上持满意态度，评价较高。

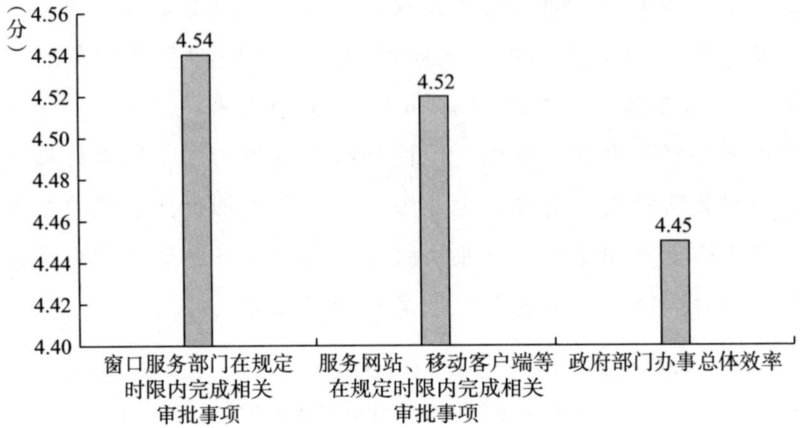

图 2－3　民营企业对政府服务效率的评价

表 2－7 和表 2－8 分别展示了民营企业对当地窗口服务部门以及服务网站、移动客户端等在规定时限内完成相关审批事项的满意情况。从整体上看，参与调查的 34 个城市的民营企业对线上审批服务效率的满意度高于线下审批服务效率。具体来说，广州市 100% 的民营企业对线上和线下审批服务事项效率均表示满意，南京市 99.5% 的民营企业对线上和线下审批事项效率均表示满意，而杭州市、武汉市、西安市、石家庄市的民营企业对当地线下服务表示满意的占比均高于线上。

表 2－7　不同城市民营企业对当地窗口服务部门在规定时限内完成相关审批事项的满意情况（前 10 名）

单位：%

排名	城市	百分比
1	广州市	100.0
2	南京市	99.5
3	杭州市	99.1
4	武汉市	98.2
5	西安市	98.1
6	石家庄市	97.7
7	福州市	96.7

续表

排名	城市	百分比
8	哈尔滨市	95.8
9	大连市	95.7
10	天津市	95.7

表 2－8 不同城市民营企业对当地服务网站、移动客户端等在规定时限内完成相关审批事项的满意情况（前 10 名）

单位：%

排名	城市	百分比
1	广州市	100.0
2	南京市	99.5
3	杭州市	97.8
4	西安市	97.2
5	福州市	97.2
6	大连市	97.1
7	武汉市	96.9
8	石家庄市	96.4
9	哈尔滨市	95.4
10	天津市	93.5

表 2－9 展示了不同城市民营企业对当地政府部门办事总体效率的满意情况。从整体上看，在参与调查的 34 个城市中，90% 以上的民营企业对当地政府部门办事总体效率表示满意的城市有 16 个，分别是广州市、南京市、杭州市、武汉市、石家庄市、福州市、西安市、哈尔滨市、大连市、南宁市、宁波市、长春市、郑州市、济南市、太原市和天津市，占比为 47.1%；80%～90% 的民营企业对当地政府部门办事总体效率表示满意的城市有 10 个，占比为 29.4%；不足 80% 的民营企业对此表示满意的城市有 8 个，占比为 23.5%。

其中，广州市民营企业对当地政府部门办事总体效率表示满意的占比达 100%，南京市、杭州市和武汉市对此表示满意的民营企业占比也很高，分别为99.3%、98.7%和97.7%。

表2-9　不同城市民营企业对当地政府部门办事总体效率的满意情况（前10名）

单位：%

排名	城市	百分比
1	广州市	100.0
2	南京市	99.3
3	杭州市	98.7
4	武汉市	97.7
5	石家庄市	95.9
6	福州市	95.7
7	西安市	95.3
8	哈尔滨市	93.1
9	大连市	91.9
10	南宁市	91.6

四　支持政策落实情况

政府支持政策的落实情况主要由“政府支持企业发展政策落地情况”、“政府鼓励创新创业政策落实情况”、“政府鼓励企业引进人才的优惠待遇落实情况”、“政府解决企业用地难落实情况”和“政府支持企业发展政策稳定情况”五个方面来反映。本研究采取民营企业主观评测的方式，由参与调查的民营企业给每个方面打分，最低分为1分，最高分为5分。得分在1~2分之间表示评价较低，民营企业对该方面不满意；得分为3分表示评价一般；得分在4~5分表示评价较高，民营企业对该方面持满意态度。

由图2-4可知，我国政府支持政策落实情况良好，民营企业比较认可政府在这方面的工作。其中，民营企业对“政府支持企业发展政策落地情况”、“政府鼓励创新创业政策落实情况”和“政府支持企业发展政策稳定情况”三项的评分均高于4.5分；对“政府鼓励企业引进人才的优惠待遇落实情况”和“政府解决企业用地难落实情况”的评分略低，平均分分别为4.47分和4.41分。

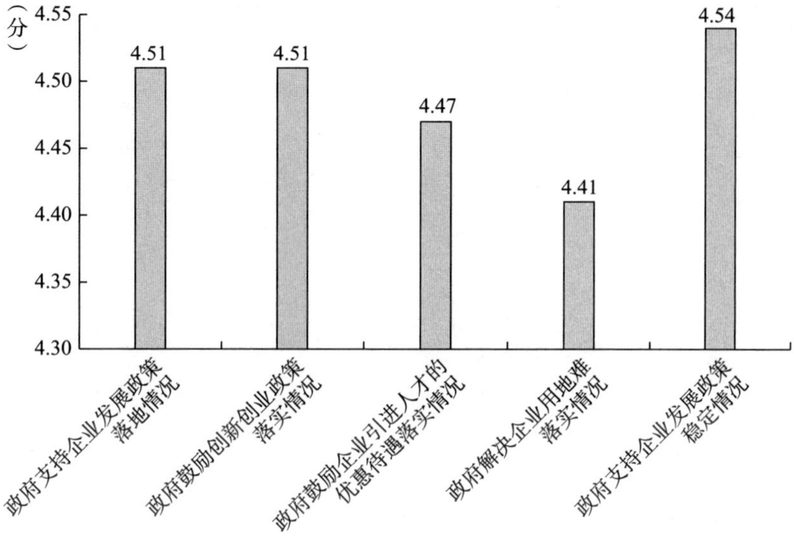

图2－4　民营企业对政府支持政策落实情况的评价

从政府支持企业发展政策落地情况来看，如表2－10所示，在参与调查的34个城市中，90%以上的民营企业对当地政府支持企业发展政策落地情况表示满意的城市有15个，分别为广州市、南京市、杭州市、石家庄市、天津市、福州市、大连市、武汉市、西安市、哈尔滨市、郑州市、南宁市、宁波市、济南市和长春市，占比为44.1%；80%～90%的民营企业对当地政府支持企业发展政策落地情况表示满意的城市有11个，分别是上海市、海口市、深圳市、北京市、南昌市、厦门市、贵阳市、合肥市、太原市、乌鲁木齐市和沈阳市，占比为32.4%；不足80%的民营企业对此表示满意的城市有8个，占比为23.5%。

其中，广州市100%的民营企业满意当地政府支持企业发展政策落地情况，南京市和杭州市表示满意的民营企业占比分别为99.3%和98.9%。需要注意的是，在全国四个直辖市中，上海市、北京市和重庆市满意此项服务的民营企业占比均不足90%。

表 2－10　不同城市民营企业对当地政府支持企业发展政策落地情况的满意情况（前 10 名）

单位：%

排名	城市	百分比
1	广州市	100.0
2	南京市	99.3
3	杭州市	98.9
4	石家庄市	97.4
5	天津市	96.7
6	福州市	96.7
7	大连市	96.2
8	武汉市	95.9
9	西安市	95.3
10	哈尔滨市	94.6

从政府鼓励创新创业政策落实情况来看，如表 2－11 所示，在参与调查的 34 个城市中，90% 以上的民营企业表示满意的城市有 15 个，分别是广州市、南京市、杭州市、石家庄市、武汉市、天津市、福州市、大连市、西安市、哈尔滨市、南宁市、郑州市、长春市、宁波市和济南市，占比为 44.1%。其中，广州市、南京市和杭州市分别有 100%、99.3% 和 98.7% 的民营企业对此表示满意。80%～90% 的民营企业对当地政府鼓励创新创业政策落实情况表示满意的城市有 13 个，占比为 38.2%。不足 80% 的民营企业对当地政府鼓励创新创业政策落实情况持满意态度的城市有 6 个，占比为 17.6%。

表 2－11　不同城市民营企业对当地政府鼓励创新创业政策落实情况的满意情况（前 10 名）

单位：%

排名	城市	百分比
1	广州市	100.0
2	南京市	99.3
3	杭州市	98.7
4	石家庄市	97.9

续表

排名	城市	百分比
5	武汉市	97.7
6	天津市	96.7
7	福州市	96.2
8	大连市	96.2
9	西安市	95.6
10	哈尔滨市	95.0

从政府鼓励企业引进人才的优惠待遇落实情况来看，如表 2－12 所示，在参与调查的 34 个城市中，27 个城市均有 80% 以上的民营企业对此表示满意，占比为 79.4%，表明大部分民营企业认可当地政府鼓励企业引进人才的优惠待遇落实情况。其中，90% 以上的民营企业对此持满意态度的城市有 12 个，分别是广州市、南京市、杭州市、武汉市、天津市、石家庄市、哈尔滨市、福州市、大连市、西安市、郑州市和济南市，占比为 35.3%。具体来说，广州市、南京市和杭州市分别有 100.0%、98.8% 和 98.0% 的民营企业对此表示满意。80% 以下的民营企业对此表示满意的城市有 7 个，占比为 20.6%。

表 2－12　不同城市民营企业对当地政府鼓励企业引进人才的优惠待遇落实情况的满意情况（前 10 名）

单位：%

排名	城市	百分比
1	广州市	100.0
2	南京市	98.8
3	杭州市	98.0
4	武汉市	96.9
5	天津市	96.7
6	石家庄市	96.4
7	哈尔滨市	95.4
8	福州市	94.3
9	大连市	93.3
10	西安市	93.1

从政府解决企业用地难落实情况来看，如表 2－13 所示，在参与调查的 34 个城市中，90% 以上的民营企业表示满意的城市有 11 个，分别是广州市、南京市、杭州市、武汉市、石家庄市、天津市、大连市、哈尔滨市、西宁市、南宁市和福州市，占比为 32.4%；80%～90% 的民营企业表示满意的城市有 14 个，分别是长春市、郑州市、济南市、贵阳市、宁波市、南昌市、上海市、太原市、北京市、沈阳市、海口市、成都市、合肥市和乌鲁木齐市，占比为 41.2%；不足 80% 的民营企业对此表示满意的城市有 9 个，占比为 26.5%。

其中，广州市、南京市和杭州市的民营企业对当地政府解决企业用地难落实情况的满意度较高。作为当前“热门”特大城市的北京市、上海市和深圳市的民营企业对当地政府解决企业用地难落实情况表示满意的占比分别为 86.0%、85.8% 和 75.7%。这一情况表明，在所有支持政策的落实过程中，“北上深”三个特大城市应该将落实解决企业用地难的相关政策放在优先位置。

表 2－13　不同城市民营企业对当地政府解决企业用地难落实情况的满意情况（前 10 名）

单位：%

排名	城市	百分比
1	广州市	100.0
2	南京市	99.1
3	杭州市	96.7
4	武汉市	95.7
5	石家庄市	94.6
6	天津市	94.6
7	大连市	94.3
8	哈尔滨市	94.3
9	西安市	93.1
10	南宁市	92.6

从政府支持企业发展政策稳定情况来看，如表 2－14 所示，在参与

主观测评的34个城市中，18个城市均有90%以上的民营企业对当地政府支持企业发展政策稳定情况表示满意，这些城市分别是成都市、广州市、南京市、杭州市、武汉市、石家庄市、大连市、西安市、福州市、天津市、哈尔滨市、郑州市、济南市、长春市、宁波市、南宁市、沈阳市和上海市，占比为52.9%。其中，成都市和广州市表示满意的民营企业占比都达到了100%，南京市和杭州市持满意态度的民营企业的占比也较高，均在98%以上。80%~90%的民营企业对当地政府支持企业发展政策稳定情况表示满意的城市有11个，占比为32.4%。此外，还有5个城市表示满意的民营企业的占比均在80%以下。

表2-14　不同城市民营企业对当地政府支持企业发展政策稳定情况的满意情况（前10名）

单位：%

排名	城市	百分比
1	成都市	100.0
1	广州市	100.0
3	南京市	99.1
4	杭州市	98.7
5	武汉市	97.7
6	石家庄市	97.4
7	大连市	96.2
8	西安市	95.9
9	福州市	95.7
10	天津市	95.7

五　政策限制企业发展情况

图2-5展示了民营企业对政府限制企业发展情况的评价，主要包括“政府拖欠企业工程款等”和“存在政府相关部门干预、限制企业生产经营情况”两个方面。每一方面的评分表示此种情况的普遍性，分值越高表示情况越普遍。其中，1~2分表示情况不普遍，3分表示一般，4~5分表

示政府限制企业发展的情况比较普遍。由图2-5可知，民营企业对“政府拖欠企业工程款等”和“存在政府相关部门干预、限制企业生产经营情况”的评分均低于2分，表明政府基本没有限制企业发展的情况。

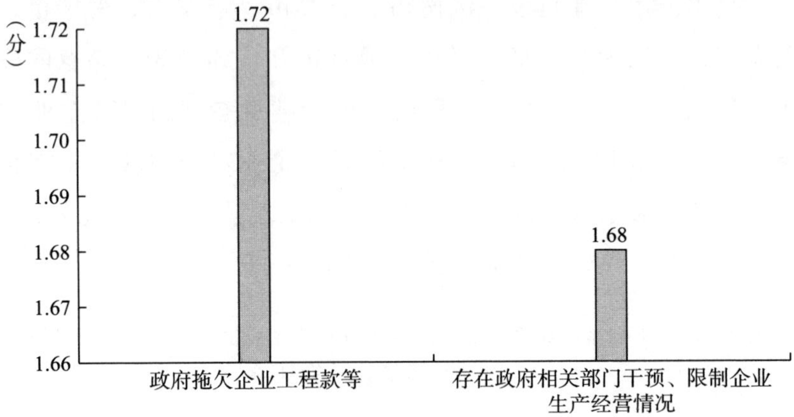

图2-5　民营企业对政府拖欠企业工程款等和干预、限制企业生产经营情况的评价

具体来说，杭州市、南京市、海口市和长沙市政府都做得较好，这4个城市均只有不到1%的民营企业认为当地政府存在拖欠企业工程款的现象。

在参与测评的34个城市中，不到10%的民营企业认为当地政府相关部门存在干预、限制企业生产经营情况的城市有10个，占比为29.4%；10%~20%的民营企业认为当地政府相关部门存在干预、限制企业生产经营现象的城市有19个，占比为55.9%；超过20%的民营企业认为这种现象存在的城市有5个，占比为14.7%。

六　工作“懒政”情况

“懒政”指政府工作人员或政府部门在处理相关问题时采取的做法过于简单、作风粗糙的行为。在本研究中，“懒政”主要包括“新官不理旧账”现象和政策落实过程中存在“懒政”现象两个方面。调研发现，在民营企业的主观评分中，“新官不理旧账”现象和政策落实过程中存在“懒政”现象两方面的平均评分分别为1.77分和

1.72 分[①]，分值较低，这表明参与调查的 34 个城市的民营企业认为政府处理企业事宜态度积极，“懒政”情况并不普遍。

调查数据显示，在参与调查的 34 个城市中，杭州市、南京市、长沙市、海口市、石家庄市、西安市、天津市和深圳市 8 个城市只有不到 10% 的民营企业认为当地存在“新官不理旧账”现象，占比为 23.5%；10%～20% 的民营企业认为当地存在“新官不理旧账”现象的城市有 18 个，分别是广州市、宁波市、哈尔滨市、贵阳市、大连市、银川市、上海市、合肥市、济南市、兰州市、南昌市、昆明市、长春市、武汉市、北京市、郑州市、厦门市和太原市，占比为 52.9%；超过 20% 的民营企业认为当地存在“新官不理旧账”现象的城市有 8 个，占比为 23.5%。

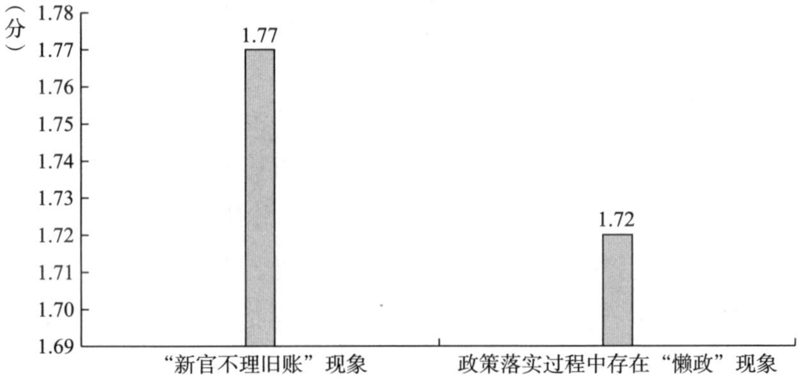

图 2－6　民营企业对工作“懒政”情况的评价

和其他城市相比，杭州市、南京市和长沙市政府做得较好，仅有不到 1% 的民营企业认为当地存在“新官不理旧账”的现象。总的来说，全国省会城市、直辖市存在“新官不理旧账”的现象较少，政务环境良好。

和上述结果类似，在 34 个参与调查的城市中，不超过 20% 的民营企业认为当地在政策落实过程中存在“懒政”现象的城市有 27 个，占

① 1～2 分表示现象不普遍，评价较高；3 分表示评价一般；4～5 分表示现象普遍存在，评价较低。

比为 79.4%，说明总体上全国各地政府在政策落实过程中存在“懒政”现象较少。20% 以上的民营企业认为当地在政策落实过程中存在“懒政”现象的城市有 7 个，占比为 20.6%。

其中，在杭州市，没有一家民营企业认为当地政府在政策落实过程中存在“懒政”现象；在长沙市、海口市和南京市，认为存在这种现象的民营企业占比也比较低，仅为 1% 左右。

七 政策出台、实施情况

企业发展与国家政策息息相关，在政策的引导下，企业可以更直接、准确地了解政府的导向，进而能在很大程度上了解市场，从而生产出更加符合市场需求的产品。科学规范、透明公正、稳定有效的政策给企业的发展指明了方向，是营造良好政务环境的基本要素。本研究将从政府部门出台政策、规定科学规范，宣传解释到位，实施政策、规定透明、公正，效果明显以及稳定这 5 个方面来考察当前我国政策出台、实施的情况。考察的方式以民营企业主观评分为主，分值范围为 1 ~ 5 分。民营企业根据实际情况打分，1 ~ 2 分表示评价较低，我国民营企业对政策出台、实施情况不认可；3 分表示评价一般；4 ~ 5 分表示评价较高，民营企业认可我国政策出台、实施情况。如图 2 – 7 所示，民营企业对我国政府部门出台政策、规定科学规范评价的平均得分为 4.49 分；对政府部门出台政策、规定宣传解释到位评价的平均得分为 4.46 分；对政府部门实施政策、规定透明、公正评价的平均得分为 4.49 分；对政府部门实施政策、规定效果明显评价的平均得分为 4.46 分；对政府部门实施政策、规定稳定评价的平均得分为 4.47 分。五个方面的评价得分均高于 4 分，分值较高，表明我国民营企业对当前政策出台、实施情况的评价较高，认可我国当前的政策环境。

表 2 – 15、表 2 – 16、表 2 – 17、表 2 – 18 和表 2 – 19 分别展示了不同城市的民营企业对我国当前政策环境的认可情况。

从政府部门出台政策、规定科学规范方面看，在参与主观评测的 34

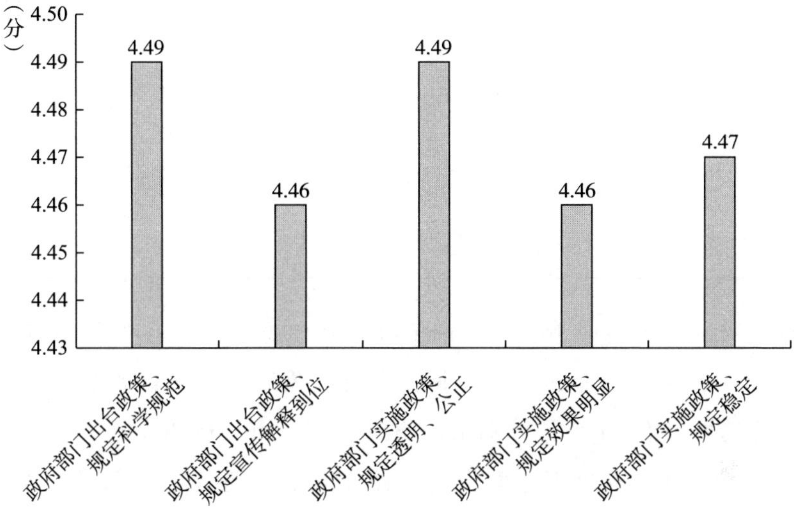

图 2-7　民营企业对政策出台、实施情况的评价

个城市中，73.5%的城市有80%以上的民营企业认为当地政府部门出台政策、规定比较科学规范。其中，90%以上的民营企业对当地政府部门出台政策、规定科学规范表示认可的城市有15个，分别是广州市、南京市、杭州市、武汉市、天津市、石家庄市、哈尔滨市、西安市、大连市、福州市、南宁市、宁波市、郑州市、长春市和济南市，占比为44.1%。70%~80%的民营企业对当地政府部门出台的政策、规定科学规范表示认可的城市有5个，占比为14.7%。不足70%的民营企业认为当地政府部门出台政策、规定科学规范的城市有4个，占比为11.8%。

表 2-15　不同城市民营企业对当地政府部门出台政策、规定科学规范的认可情况（前10名）

单位：%

排名	城市	百分比
1	广州市	100.0
2	南京市	99.8
3	杭州市	97.8
4	武汉市	96.4
5	天津市	95.7

续表

排名	城市	百分比
6	石家庄市	95.6
7	哈尔滨市	95.0
8	西安市	95.0
9	大连市	94.7
10	福州市	94.3

从政府部门出台政策、规定宣传解释到位方面看，在参与主观测评的34个城市中，90%以上的民营企业认为当地政府部门出台政策、规定宣传解释到位的城市有14个，分别是广州市、南京市、杭州市、武汉市、哈尔滨市、石家庄市、福州市、南宁市、西安市、大连市、宁波市、郑州市、济南市和长春市，占比为41.2%；80%~90%的民营企业对当地政府部门出台政策、规定宣传解释到位表示认可的城市有12个，分别是天津市、贵阳市、太原市、南昌市、上海市、北京市、厦门市、深圳市、海口市、合肥市、乌鲁木齐市和银川市，占比为35.3%；不足80%的民营企业认为当地政府部门出台政策、规定宣传解释到位的城市有8个，占比为23.5%。

表2-16　不同城市民营企业对当地政府部门出台政策、规定宣传解释到位的认可情况（前10名）

单位：%

排名	城市	百分比
1	广州市	100.0
2	南京市	99.1
3	杭州市	97.6
4	武汉市	97.5
5	哈尔滨市	95.8
6	石家庄市	95.3
7	福州市	93.8
8	南宁市	93.6
9	西安市	93.1
10	大连市	91.4

从政府部门实施政策、规定透明、公正方面看，和上述结果类似，在参与主观测评的34个城市中，90%以上的民营企业对当地政府部门实施政策、规定透明、公正表示认可的城市有13个，分别是广州市、南京市、杭州市、武汉市、石家庄市、哈尔滨市、西安市、大连市、天津市、福州市、宁波市、南宁市和太原市，占比为38.2%。其中，广州市所有参与测评的民营企业都认为当地政府部门实施政策、规定透明、公正。80%~90%的民营企业对当地政府部门实施政策、规定透明、公正表示认可的城市有14个，分别是郑州市、济南市、长春市、北京市、贵阳市、海口市、南昌市、上海市、深圳市、厦门市、乌鲁木齐市、合肥市、银川市和成都市，占比为41.2%。不足80%的民营企业对当地政府部门实施政策、规定透明、公正表示认可的城市有7个，占比为20.6%。

表2-17　不同城市民营企业对当地政府部门实施政策、规定透明、公正的认可情况（前10名）

单位：%

排名	城市	百分比
1	广州市	100.0
2	南京市	99.5
3	杭州市	97.8
4	武汉市	95.9
5	石家庄市	95.9
6	哈尔滨市	95.4
7	西安市	95.0
8	大连市	94.3
9	天津市	93.5
10	福州市	92.9

从政府部门实施政策、规定效果明显方面看，大部分城市的民营企业都认为当地政府部门实施政策、规定效果明显。具体来说，80%以上的民营企业对当地政府部门实施政策、规定效果明显表示认可的城市有27个，占比为79.4%。其中，广州市100%的民营企业对当地政府部门

实施政策、规定效果明显表示认可，南京市和杭州市对此表示认可的民营企业占比分别为 99.5% 和 97.1%。

表 2－18　不同城市民营企业对当地政府部门实施政策、规定效果明显的认可情况（前 10 名）

单位：%

排名	城市	百分比
1	广州市	100.0
2	南京市	99.5
3	杭州市	97.1
4	武汉市	95.7
5	石家庄市	94.3
6	大连市	94.3
7	西安市	94.0
8	哈尔滨市	93.5
9	福州市	92.4
10	天津市	92.4

从政府部门实施政策、规定稳定方面看，在参与主观测评的 34 个城市中，90% 以上的民营企业对当地政府部门实施政策、规定稳定表示认可的城市有 13 个，分别是广州市、南京市、杭州市、武汉市、石家庄市、西安市、大连市、福州市、哈尔滨市、天津市、南宁市、济南市和宁波市，占比为 38.2%；80%～90% 的民营企业对当地政府部门实施政策、规定稳定表示认可的城市有 14 个，占比为 41.2%；不足 80% 的民营企业对此表示认可的城市有 7 个，占比为 20.6%。

表 2－19　不同城市民营企业对当地政府部门实施政策、规定稳定的认可情况（前 10 名）

单位：%

排名	城市	百分比
1	广州市	100.0
2	南京市	99.3
3	杭州市	97.8
4	武汉市	97.5

续表

排名	城市	百分比
5	石家庄市	96.1
6	西安市	95.0
7	大连市	94.7
8	福州市	94.3
9	哈尔滨市	93.9
10	天津市	93.5

第三节　行政人员廉洁清正与规划审批

一　政府为难企业情况

清正廉洁是融入中国共产党人血脉中、刻在中国共产党人记忆里永不改变的本色。习近平总书记曾在“不忘初心，牢记使命”主题教育工作会议上指出要努力实现清正廉洁作表率的具体目标。本研究从“存在无理刁难、吃拿卡要现象”和“存在以无政策依据为由拒绝企业合理诉求的情况”两个维度来考察行政人员廉洁清正的情况。每个维度由 34 个城市的民营企业打分，分值为 1 ~ 5 分，分值越高代表情况越普遍。其中，1 ~ 2 分表示情况不普遍，评价较高；3 分表示评价一般，4 ~ 5 分表示情况普遍，评价较低。根据调查结果，民营企业对这两个方面评价的平均得分均为 1.65 分，分值较低，表明全国政府行政人员总体上比较廉洁清正。

从存在无理刁难、吃拿卡要现象方面看，如表2 - 20 所示，在参与调查的 34 个城市中，不到 10% 的民营企业认为当地存在无理刁难、吃拿卡要现象的城市有 12 个，分别是杭州市、长沙市、南京市、海口市、西安市、深圳市、石家庄市、天津市、宁波市、哈尔滨市、贵阳市和合肥市，占比为 35.3%；10% ~ 20% 的民营企业认为当地存在无理刁难、吃拿卡要现象的城市有 19 个，占比为 55.9%；超过 20% 的民营企业认为当地存在无理刁难、吃拿卡要现象的城市有3个，占比为9%。

其中，杭州市所有参与调查的民营企业均认为当地不存在无理刁难、吃拿卡要的现象，长沙市、南京市分别仅有0.2%和0.9%的民营企业认为当地存在无理刁难、吃拿卡要的现象。

表2-20 不同城市民营企业认为当地存在无理刁难、吃拿卡要现象的情况（前10名）

单位：%

排名	城市	百分比
1	杭州市	0.0
2	长沙市	0.2
3	南京市	0.9
4	海口市	1.6
5	西安市	5.4
6	深圳市	6.3
7	石家庄市	7.2
8	天津市	7.6
9	宁波市	7.8
10	哈尔滨市	9.2

从存在以无政策依据为由拒绝企业合理诉求的情况方面看，如表2-21所示，在参与调查的34个城市中，不超过20%的民营企业认为当地存在以无政策依据为由拒绝企业合理诉求的情况的城市有30个，占比为88.2%，说明大部分城市的行政人员拒绝企业合理诉求的情况较少。其中，不到10%的民营企业认为当地存在以无政策依据为由拒绝企业合理诉求情况的城市有11个，分别是杭州市、长沙市、南京市、海口市、西安市、石家庄市、深圳市、天津市、宁波市、合肥市和哈尔滨市，占比为32.4%。在这些城市中，杭州市和长沙市所有参与调查的民营企业都认为当地不存在以无政策依据为由拒绝企业合理诉求的情况。20%以上的民营企业认为存在此种情况的城市只有4个，占比为11.8%。

表 2 - 21　不同城市民营企业认为当地存在以无政策依据为由拒绝企业合理诉求的情况（前 10 名）

单位：%

排名	城市	百分比
1	杭州市	0.0
2	长沙市	0.0
3	南京市	0.7
4	海口市	0.8
5	西安市	5.4
6	石家庄市	5.9
7	深圳市	6.8
8	天津市	7.6
9	宁波市	8.1
10	合肥市	9.5

二　“乱收费”情况

政府“乱收费”行为历来是党和政府高度关注并倾力解决的问题，也是社会各方面反映强烈的问题。“乱收费”在无形中增加了民营企业尤其是小微企业发展的经济负担，不利于营造良好的营商环境。在本研究中，“乱收费”行为主要包括“以各种理由让企业缴纳培训费、咨询费、赞助费等”和“迫使企业购买关联企业产品”两个方面。通过调研数据分析，如图 2 - 8 所示，全国各地政府基本不存在乱收费现象，民营企业对“以各种理由让企业缴纳培训费、咨询费、赞助费等”和“迫使企业购买关联企业产品”评价的平均得分分别为 1.61 分和 1.63 分[①]。

表 2 - 22 展示了不同城市的民营企业认为当地存在以各种理由让企业缴纳培训费、咨询费、赞助费等的情况。在 34 个城市中，不到 10% 的民营企业认为当地存在以各种理由让企业缴纳培训费、咨询费、赞助费

① 由 34 个城市的民营企业主观评分得出，分值范围为 1 ~ 5 分，分值越高表示情况越普遍。其中，1 ~ 2 分表示情况不普遍，3 分表示一般，4 ~ 5 分表示情况普遍。

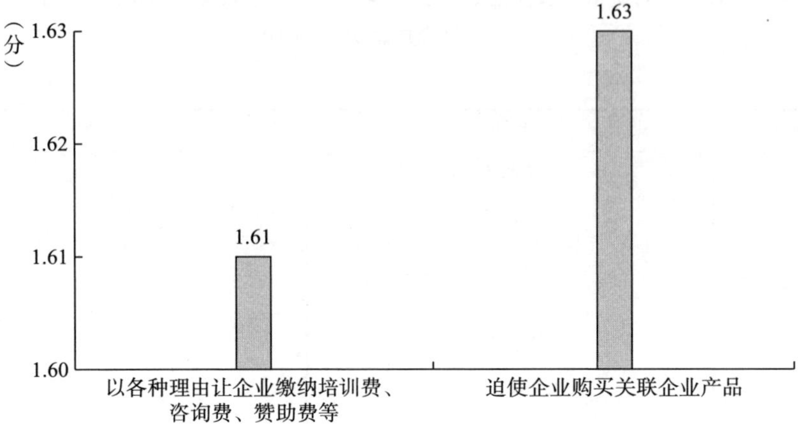

图 2－8　民营企业对“乱收费”情况的评价

等的城市有 14 个，分别是杭州市、长沙市、南京市、海口市、石家庄市、西安市、深圳市、宁波市、天津市、重庆市、贵阳市、合肥市、哈尔滨市和上海市，占比为 41.2%。其中，杭州市所有参与调查的民营企业均认为当地不存在以各种理由让企业缴纳培训费、咨询费、赞助费等情况，长沙市和南京市仅有不到 1% 的民营企业认为当地存在这种现象。10%～20% 的民营企业认为当地存在以各种理由让企业缴纳培训费、咨询费、赞助费等的城市有 18 个，占比为 52.9%。

表 2－22　不同城市民营企业认为当地存在以各种理由让企业缴纳培训费、咨询费、赞助费等的情况（前 10 名）

单位：%

排名	城市	百分比
1	杭州市	0.0
2	长沙市	0.5
3	南京市	0.9
4	海口市	2.0
5	石家庄市	5.4
6	西安市	5.7
7	深圳市	6.5
8	宁波市	7.4

续表

排名	城市	百分比
9	天津市	7.6
10	重庆市	9.1

表 2－23 展示了不同城市的民营企业认为当地存在迫使企业购买关联企业产品的情况。在参与调查的 34 个城市中，不到 10% 的民营企业认为当地存在迫使企业购买关联企业产品的城市有 11 个，分别是杭州市、长沙市、南京市、海口市、石家庄市、深圳市、西安市、天津市、宁波市、合肥市和兰州市，占比为 32.4%。其中，杭州市没有一家参与调查的民营企业认为当地存在迫使企业购买关联企业产品的情况。10%～20% 的民营企业认为当地存在迫使企业购买关联企业产品的城市有 18 个，占比为 52.9%。超过 20% 的民营企业认为当地存在此现象的城市有 5 个，占比为 14.7%。

表 2－23　不同城市民营企业认为当地存在迫使企业购买关联企业产品的情况（前 10 名）

单位：%

排名	城市	百分比
1	杭州市	0.0
2	长沙市	1.2
3	南京市	1.2
4	海口市	2.4
5	石家庄市	5.9
6	深圳市	6.1
7	西安市	6.3
8	天津市	7.6
9	宁波市	7.6
10	合肥市	9.1

三　纳税环境情况

对纳税环境的考察主要包括税务部门服务态度、税务部门办事效率、税收优惠政策落实情况以及对目前企业税负的评价四个方面。由图 2－9 可知，参与调查的民营企业对上述四个方面的评价均较高，每一项评价的平均得分均在 4.4 分左右①，这说明纳税环境总体上较好，基本获得了民营企业的认可。

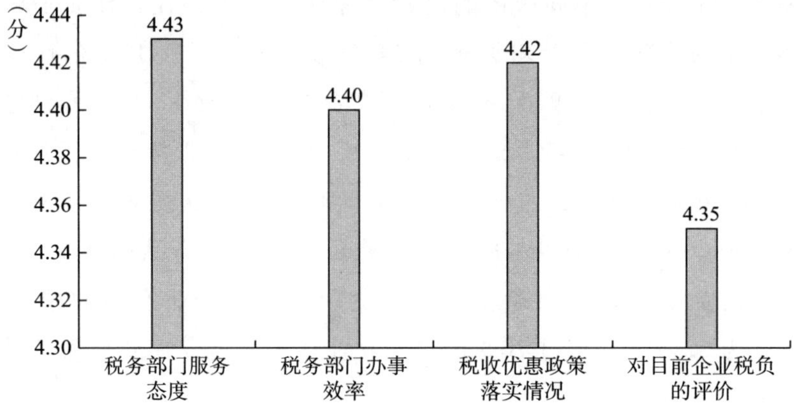

图 2－9　民营企业对纳税环境的评价

表 2－24、表 2－25、表 2－26 和表 2－27 分别展示了不同城市的民营企业对上述四个方面的具体评价情况与差异。

如表 2－24 所示，在参与调查的 34 个城市中，90% 以上的民营企业对当地税务部门服务态度表示满意的城市有 10 个，分别是广州市、南京市、杭州市、武汉市、西安市、大连市、宁波市、石家庄市、福州市和济南市，占比为 29.4%；80%～90% 的民营企业对当地税务部门服务态度表示满意的城市有 14 个，分别是贵阳市、上海市、海口市、乌鲁木齐市、长春市、北京市、郑州市、南昌市、哈尔滨市、合肥市、南宁市、太原市、深圳市和厦门市，占比为 41.2%。

其中，广州市民营企业的满意度最高——参与调查的全部民营企业对当地税务部门服务态度表示满意；南京市和杭州市民营企业对此项的满意度也较高。

① 分值范围为 1～5 分，分值越高表示评价越高。1～2 分表示评价较低，3 分表示评价一般，4～5 分表示评价较高。

表 2－24　不同城市民营企业对当地税务部门服务态度的满意情况（前 10 名）

单位：%

排名	城市	百分比
1	广州市	100.0
2	南京市	99.5
3	杭州市	98.9
4	武汉市	96.7
5	西安市	94.6
6	大连市	94.3
7	宁波市	93.4
8	石家庄市	93.3
9	福州市	92.9
10	济南市	91.1

如表 2－25 所示，在参与调查的 34 个城市中，有 24 个城市的民营企业对当地税务部门办事效率表示满意的占比均在 80% 以上，这表明大部分城市的民营企业对当地税务部门办事效率都比较满意。其中，90% 以上的民营企业对当地税务部门办事效率表示满意的城市有 10 个，分别是广州市、南京市、杭州市、武汉市、大连市、西安市、福州市、宁波市、济南市和石家庄市，占比为 29.4%；广州市和南京市表示满意的民营企业占比分别为 100% 和 99.5%。80%～90% 的民营企业对当地税务部门办事效率表示满意的城市有 14 个，分别是贵阳市、哈尔滨市、上海市、长春市、郑州市、乌鲁木齐市、北京市、南昌市、太原市、海口市、合肥市、南宁市、厦门市和天津市，占比为 41.2%。不足 80% 的民营企业对此表示满意的城市有 10 个，占比为 29.4%。

表 2－25　不同城市民营企业对当地税务部门办事效率的满意情况（前 10 名）

单位：%

排名	城市	百分比
1	广州市	100.0
2	南京市	99.5
3	杭州市	98.9

续表

排名	城市	百分比
4	武汉市	96.9
5	大连市	94.3
6	西安市	94.0
7	福州市	93.4
8	宁波市	93.2
9	济南市	91.5
10	石家庄市	90.4

如表 2－26 所示，在参与调查的 34 个城市中，超过 90% 的民营企业满意当地税收优惠政策落实情况的城市有 8 个，分别是广州市、南京市、杭州市、武汉市、西安市、大连市、济南市和石家庄市，占比为 23.5%。其中，广州市持满意态度的民营企业占比达 100%。80%～90% 的民营企业持满意态度的城市有 18 个，分别是宁波市、福州市、乌鲁木齐市、成都市、贵阳市、上海市、南宁市、长春市、哈尔滨市、郑州市、北京市、天津市、南昌市、太原市、海口市、合肥市、深圳市、银川市，占比为 52.9%。低于 80% 的民营企业持满意态度的城市有 8 个，占比为 23.5%。

表 2－26　不同城市民营企业对当地税收优惠政策落实情况的满意情况（前 10 名）

单位：%

排名	城市	百分比
1	广州市	100.0
2	南京市	99.8
3	杭州市	97.8
4	武汉市	96.2
5	西安市	94.3
6	大连市	94.3
7	济南市	92.5
8	石家庄市	92.0
9	宁波市	89.8
10	福州市	89.6

如表 2－27 所示，在参与调查的 34 个城市中，超过一半的城市的民营企业对当前企业税负表示满意的占比高于 80%，表明全国纳税环境良好。其中，90% 以上的民营企业对目前企业税负表示满意的城市有 6 个，分别是广州市、南京市、杭州市、大连市、西安市和武汉市，占比为 17.6%。

表 2－27 不同城市民营企业对目前企业税负的评价情况（前 10 名）

单位：%

排名	城市	百分比
1	广州市	100.0
2	南京市	98.4
3	杭州市	95.3
4	大连市	91.9
5	西安市	91.5
6	武汉市	91.3
7	石家庄市	89.9
8	宁波市	88.8
9	福州市	88.6
10	哈尔滨市	87.7

四 行政审批情况

总体来看，民营企业对“政府行政审批环节和时间”评价的平均得分为 4.20 分[①]，表明民营企业对政府行政审批环节和时间的主观评价较高。

如表 2－28 所示，在参与主观测评的 34 个城市中，90% 以上的民营企业对当地政府行政审批环节和时间表示满意的城市有 5 个，分别是广州市、南京市、哈尔滨市、杭州市和厦门市，占比为 14.7%；80%～90% 的民营企业对当地政府行政审批环节和时间表示满意的城市有 12 个，分别是海口市、南宁市、深圳市、济南市、天津市、武汉市、大连

① 分值范围为 1～5 分，分值越高表示评价越高。其中，1～2 分表示评价较低，不太满意；3 分表示评价一般；4～5 分表示评价较高，比较满意。

市、昆明市、福州市、石家庄市、宁波市和长春市，占比为35.3%；80%以下的民营企业对当地政府审批环节和时间表示满意的城市有17个，占比为50%。

其中，广州市民营企业的满意度最高，所有参与调查的民营企业均满意当地政府行政审批环节和时间；南京市紧随其后，持满意态度的民营企业占比在97%以上。需要注意的是，上海市和北京市作为全国经济发展的“领头羊”，每年吸引大量民营企业投资建设，但是当地民营企业对政府行政审批环节和时间表示满意的占比却不太高。

表2-28 不同城市民营企业对当地政府行政审批环节和时间的满意情况（前10名）

单位：%

排名	城市	百分比
1	广州市	100.0
2	南京市	97.3
3	哈尔滨市	94.3
4	杭州市	93.6
5	厦门市	91.9
6	海口市	87.1
7	南宁市	87.0
8	深圳市	86.0
9	济南市	85.7
10	天津市	85.0

杭州市持满意态度的民营企业占比也较高，为93.6%。其优异的成绩离不开近三年的“最多跑一次”改革。杭州市通过在不动产登记、商事登记、投资项目审批和公民个人办事等行政审批领域进行改革领跑全省，形成了具有地方特色的实践样板经验，是“放管服”改革在地方层面的重要创新实践。2018年，浙江省“最多跑一次”改革得到国家认可并被写入政府工作报告，在此后一个较长时期内将引领“互联网+政务服务”和“放管服”乃至政府治理转型的发展方向。[①] 具体来说，杭州

① 张孟洋：《“最多跑一次”改革的现实困境及其优化路径》，《浙江树人大学学报》2019年第2期，第37~42页。

定期开展“最多跑一次”改革涉及的规范性文件清理工作，对不符合“最多跑一次”改革精神的文件及时修改或废止。比如，杭州专门发布《关于进一步深化“简政放权、放管结合、优化服务”推进办事“最多跑一次”改革实施方案》《中共杭州市委杭州市人民政府关于深化“最多跑一次”改革建设国际一流营商环境的实施意见》《杭州市人民政府办公厅关于印发 2018 年深化“最多跑一次”改革打造移动办事之城工作要点的通知》等规定，系统规划“最多跑一次”改革布局。经过努力，杭州“最多跑一次”改革取得了不错的成效，杭州市审管办发布的《杭州市 2017 年“最多跑一次”改革工作情况》显示，杭州分两批取消了公民个人办事所需证明材料 52 种，涉及 123 项事项；“最多跑一次”事项共计 9593 项，市本级 771 项，实现比例达 97.10%。2017 年杭州新成立企业 1 万多家，其中 85% 都是通过证照联办实现的，不动产登记只需 60 分钟就可完成办理，公民个人事务中有 200 多项业务实现凭身份证就可办理。此外，杭州市 2017 年、2018 年连续两年在公民个人办事领域，累计精简办事材料 670 余件，取消证明材料 180 余种，实现仅凭“身份证”“一证通办”事项 348 项；在企业法人办事与商事登记领域，在推出“1 + N” + X 多证合一、证照联办改革和商事登记“一网通”网上审批系统的基础上，不断迭代更新系统，扩大改革覆盖面，上线商事登记“一网通”2.0 版，目前多证合一、证照联办事项共计 134 项，实现市及市以下涉企证照全覆盖。①

打造优质高效的政务环境是加强营商环境建设的重中之重。全面优化、提升政务环境，对全国优质营商环境的营造尤为重要。当前，国家之间的竞争日益激烈，我们只有把政务环境打造得更好、更优，做好软环境建设，擦亮政务环境这个“第一窗口”，才能形成“凹地聚集效应”，让外来资源、资本和各种生产要素加速涌入我国，进而推动我国经济和社会的发展。

① 《2017 年“最多跑一次”改革工作情况》，浙江政务服务网，http://www.hangzhou.gov.cn/art/2018/3/5/art_1526794_30484033.html。

通过上述数据分析，我们可以发现，当前我国政务环境总体良好，政府具有较强的公信力，能够提供高效和高质量的服务。政府不仅积极落实各项支持政策、优化规划审批环节，其行政人员还能保持自身廉洁清正，基本上不存在吃拿卡要和乱收费现象。

具体来说，在政府服务方面，民营企业对政府及相关部门总体诚信程度的平均评分为4.58分；对监管部门在监督检查、达标评比活动时公开、公正的平均评分为4.60分；对服务窗口提供“一窗通办”服务质量的平均评分为4.56分；对窗口工作人员的服务能力和服务态度的平均评分为4.53分；对服务网站、移动客户端等提供“一网通办”的便利程度的平均评分为4.56分；对服务窗口办事过程和流程透明、清楚程度的平均评分为4.60分；对窗口服务部门在规定时限内完成相关审批事项，服务网站、移动客户端等在规定时限内完成相关审批事项，以及政府部门办事总体效率三个方面的平均评分分别为4.54分、4.52分和4.45分。以上所有评分均保持在4.5分左右，分值较高，说明我国民营企业对这些方面的评价较高。此外，在所有参与调查的城市中，有85.3%的城市对当地政府及相关部门总体诚信程度表示满意的民营企业占比超过80%；有91.2%的城市对当地监管部门在监督检查、达标评比活动时公开、公正表示满意的民营企业占比超过80%；有91.2%的城市对当地服务窗口办事过程和流程透明、清楚程度表示满意的民营企业占比超过80%；有85.3%的城市对当地服务窗口提供“一窗通办”服务质量表示满意的民营企业占比超过80%；有85.3%的城市对窗口工作人员服务能力和服务态度表示满意的民营企业占比超过80%；有85.3%的城市对当地服务网站、移动客户端等提供“一网通办”的便利程度表示满意的民营企业占比超过80%；有76.5%的城市对当地政府部门办事总体效率表示满意的民营企业占比超过80%。

在政策支持方面，从整体上看，民营企业对政府支持企业发展政策落地情况、政府鼓励创新创业政策落实情况和政府支持企业发展政策稳定情况三项的平均评分均高于4.5分；对政府鼓励企业引进人才的优惠待遇落实情况以及政府解决企业用地难落实情况的平均评分略低，分别为4.47分和4.41分；对政府部门出台政策、规定科学规范的平均评分为4.49分；对政府部门出台政策、规定宣传解释到位的平均评分为4.46分；对政府部门实施政策、规定透明、公正的平均评分为4.49分；对政府部门实施政策、规定效果明显的平均评分为4.46分；对政府部门实施政策、规定稳定的平均评分为4.47分。以上所有方面的评分均高于4分，分值较高，说明评价较高，表明我国的政策环境良好。此外，民营企业对政府在拖欠企业工程款等和政府相关部门存在干预、限制企业生产经营情况的平均评分均低于2分，表明政府基本没有限制企业发展的情况。民营企业对“新官不理旧账”现象和政策落实过程中存在“懒政”现象两方面的平均评分分别为1.77分和1.72分，说明我国当前基本上不存在这些现象。

从城市分布情况看，在所有参与调查的城市中，有76.5%的城市对当地政府支持企业发展政策落地情况表示满意的民营企业占比超过80%；有82.3%的城市对当地政府鼓励创新创业政策落实情况表示满意的民营企业占比超过80%；有79.4%的城市对当地政府鼓励企业引进人才的优惠待遇落实情况表示满意的民营企业占比超过80%；有73.6%的城市对当地政府解决企业用地难落实情况表示满意的民营企业占比超过80%；有85.3%的城市对当地政府支持企业发展政策稳定情况表示满意的民营企业占比超过80%；在所有参与调研的城市中，认为当地政府存在拖欠企业工程款等的民营企业占比均低于30%；有97.1%的城市均有不到30%的民营企业认为当地政府相关部门存在干预、限制企业生产经营的情况；有76.5%的城市均只有不到20%的民营企业认为当地普遍存在“新官不理旧账”现象；有79.4%的城市均只有不超过20%的民营企业认为当地政府在政策落实过程中存在“懒政”现象；有73.5%的城市均有80%以上的民营企业认为当地政府部门出台政策、规定科学规范；有76.5%的城市均有80%以上的民营企业认为当地政府部门出台政策、规定宣传解释到位；有79.4%的城市均有80%以上的民营企业认为当地政府部门实施政策、规定透明、公正；有 79.4% 的城市对当地政府部门实施政策、规定效果明显表示认可的民营企业占比超过 80%；有 79.4% 的城市对当地政府部门实施政策、规定稳定表示认可的民营企业占比超过 80%。

在行政人员廉洁清正方面，调查结果显示，民营企业对“存在无理刁难、吃拿卡要现象”和“存在以无政策依据为由拒绝企业合理诉求的情况”两个方面的平均评分均为 1.65 分，分值较低，表明全国政府行政人员总体上比较廉洁清正；民营企业对“以各种理由让企业缴纳培训费、咨询费、赞助费等”和“迫使企业购买关联企业产品”的平均评分分别为 1.61 分和 1.63 分，说明我国各地政府基本不存在“乱收费”现象。从城市分布情况来看，有 91.2% 的城市认为当地存在无理刁难、吃拿卡要现象的民营企业占比不超过 20%；有 88.2% 的城市均有不超过 20% 的民营企业认为当地存在以无政策依据为由拒绝企业合理诉求的情况；有 94.1% 的城市认为当地存在以各种理由让企业缴纳培训费、咨询费、赞助费等的民营企业占比低于 20%；有 85.3% 的城市认为当地存在迫使企业购买关联企业产品的民营企业占比低于 20%。

在规划审批方面，从整体上看，民营企业对税务部门服务态度、税务部门办事效率、税收优惠政策落实情况以及目前企业税负的评价四个主要方面的平均评分均在 4.4 分左右；对政府行政审批环节和时间的平均评分为 4.20 分。以上所有方面的评分均较高，说明民营企业的评价较高。从城市分布情况看，有 70.6% 的城市对当地税务部门服务态度表示满意的民营企业占比超过 80%；有 70.6% 的城市对当地税务部门办事效率表示满意的民营企业占比超过 80%；有 76.4% 的城市均有 80% 以上的民营企业对税收优惠政策落实情况表示满意；有超过一半的城市对当前企业税负表示满意的民营企业占比超过 80%；有 50% 的城市对当地政府行政审批环节和时间表示满意的民营企业占比在 80% 以上。

整体而言，我们需要根据当前不同城市的政务环境状况，结合城市特点，进一步探究不同城市政务环境的先进与不足之处，积极推广先进城市的措施方案，促进城市之间的相互借鉴与学习，不断完善各个城市政府服务，打造优质高效的政务环境。

第四节　政务环境指标构建及分析

一　政务环境指标介绍

政务环境是评价投资软环境的一个重要因素，也是评价营商环境质量的重要依据之一。参考世界银行制定的营商环境评估准则，本研究将民营企业对政务环境的评价分为四个指标，分别是政策支持、政府服务、政府行政人员廉洁清正和规划审批。

政策支持主要指民营企业对当地政府在政策方面给予企业支持的主观测评。对政策支持的评价包括以下几个方面：政府支持企业发展政策落地情况，政府鼓励创新创业政策落实情况，政府鼓励企业引进人才的优惠待遇落实情况，存在政府相关部门干预、限制企业生产经营情况，政策落实过程中存在“懒政”现象。

政府服务主要指民营企业对政府部门为企业提供服务的主观测评。对政府服务的评价包括以下几个方面：政府及相关部门总体诚信程度，服务窗口提供“一窗通办”服务质量，窗口工作人员的服务能力和服务态度，服务网站、移动客户端等提供“一网通办”的便利程度，政府部门办事总体效率。

政府行政人员廉洁清正主要指民营企业对当地政府在行政过程中是否有为难、限制企业运营情况的主观测评。对政府行政人员廉洁清正的评价包括以下几个方面：政府拖欠企业工程款等，存在无理刁难、吃拿卡要现象，存在以无政策依据为由拒绝企业合理诉求的情况，以各种理由让企业缴纳培训费、咨询费、赞助费等，迫使企业购买关联企业产品。

规划审批主要指民营企业对政府相关部门在行政过程中效率和效果的主观测评。对规划审批的评价包括以下几个方面：税务部门服务态度、税务部门办事效率、税收优惠政策落实情况、办理营业执照、办理企业注销、办理不动产登记交易、办理施工许可、行政审批环节和时间。

根据相关参数对上述各项指标进行计算，得出每个城市在每项指标上的得分，再依据相关规则，对指标进行加权处理，并计算得出每个城市在该项指标上的总得分，即政务环境评价得分。

二　政务环境分析

本研究对各城市政务环境的分析主要依据当地民营企业的主观评价。根据民营企业对调查问卷题目的评分，结合当地统计年鉴中相关统计数据，本部分将对整体政务环境及其次级指标进行具体分析。

（一）总体政务环境分析

如图2－10所示，根据民营企业对政务环境的主观测评得分计算可知，政务环境指数得分在90分以上的城市有12个，占比为35%，分别是上海市、北京市、广州市、深圳市、南京市、福州市、济南市、杭州市、成都市、西安市、长沙市、厦门市；得分在80～90分的城市有16个，占比为47%，分别是天津市、宁波市、贵阳市、合肥市、太原市、南宁市、郑州市、大连市、武汉市、南昌市、海口市、石家庄市、沈阳市、西宁市、哈尔滨市、兰州市；其余的城市得分均在70～80分，占比为18%。

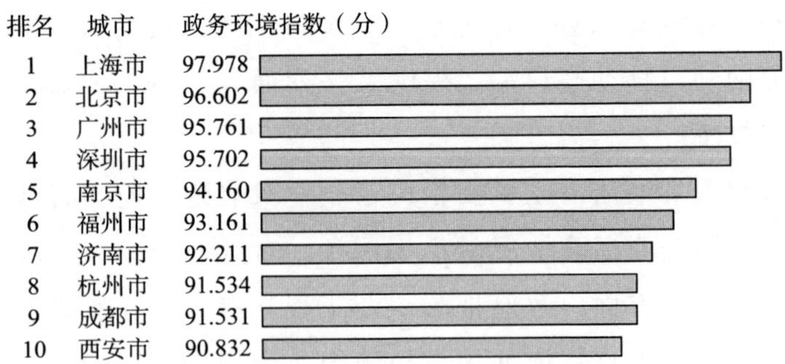

图2－10　2018年参评城市政务环境指数（前10名）

（二）政策支持

从整体上讲，被调查城市在政策支持指标上的得分均较为优异，

97%的城市得分均在0.8分及以上。由此可见，我国各城市在政策支持方面的工作成果均较为显著，取得了良好效果，获得了广大民营企业的支持和认可（见图2－11）。

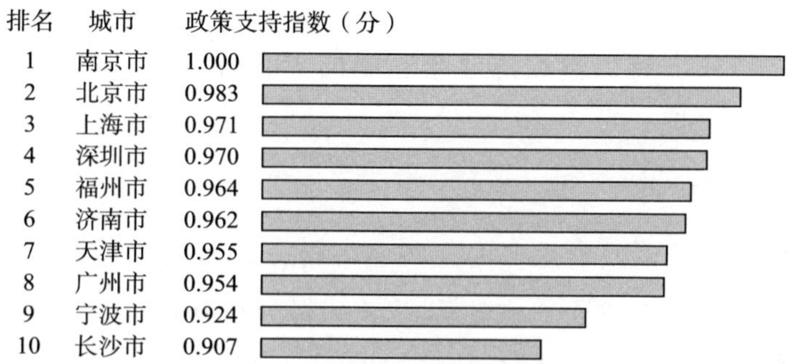

图2－11　2018年参评城市政策支持指数（前10名）

南京市的政策支持评价得分尤为突出，南京市在支持民营企业发展方面的确推出了许多实施性较强的措施。2017年1月3日，南京市人民政府印发了《南京市争当江苏省产业科技创新中心排头兵和建设国家创新型城市若干政策措施》，该措施提出了诸多促进企业发展、推动企业创新的具体措施，如支持企业研发机构开放创新，推进高端研发机构集聚计划，鼓励外资企业在南京建立研发机构，推动企业通过并购、收购方式扩大建设规模、提升建设水平，支持骨干企业研发机构牵头组建产业技术创新联盟，支持企业在海外设立研发机构。根据经营和税收情况，对上述研发机构（联盟），市、区财政共同予以支持，最高不超过200万元。其中，对引进世界500强和国内100强企业在南京设立独立法人研发机构并开展研发活动的，市、区两级财政共同给予不超过500万元支持，重大建设项目一事一议。加大人才安居保障，建设人才公寓房，江北新区给予减免租金政策，并提供优质生活配套服务。构建一批适应大众创新创业需求的新型创业服务平台，对新认定的国家级、省级科技企业孵化器和众创空间，江北新区分阶段给予100万～300万元支持。建设科技金融合作创新示范区，设立规模10亿元的江北新区科技创新基金，扩大科技金融风险补偿资金池规模，引导金融机构加大对科技型中小企业的支持力度。加快科技服务业集聚区建设，对引进的科技中介服务机构，江北新区给予两年房租补贴，并根据服务绩效最高给予50万元奖励。这些措施规定十分详细明晰，有效地促进了南京市民营企业的发展。2018年11月26日，在南京市民营经济发展大会上，南京市委、市政府出台了关于支持民营经济健康发展的30条措施①，进一步促进南京市民营企业的发展。

（三）政府服务

根据民营企业对政府服务的主观测评得分，如图2－12所示，得分在0.9分以上的城市有16个，占比为47%；得分在0.8～0.9分的城市有11个，占比为32%；其余7个城市得分均在0.8分以下，占比为21%。

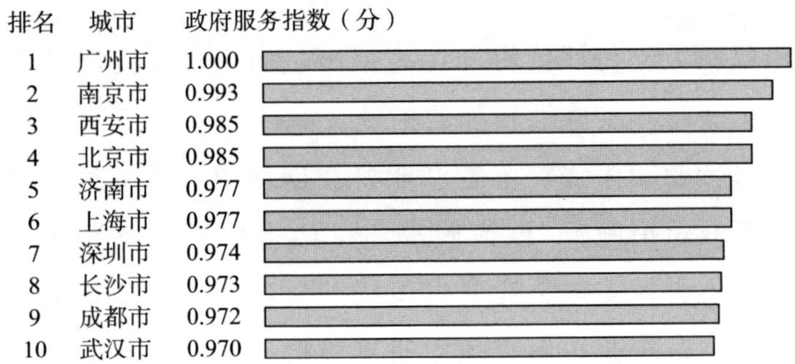

图2－12 2018年参评城市政府服务指数（前10名）

2018年，广州市办税服务厅实现综合窗口涉税业务“一窗通办”，涉税费业务“一厅通办”，并先后累计出台113条优化营商环境、扶持企业创新发展的措施。2018年2月26日，广州海关在广州市政务服务中心设立“政务服务事项集中办理窗口”，受理全关区所有政务服务事项，目前可受理广州海关事权内的109个政务服务事项。其中，95个事项实现网上办理，平均办理时间较前缩短约70%，32个事项能够通过短信等方式向申请人推送流程查询和办理结果告知，实现“一次认证，一点登

① 《关于支持民营经济健康发展的若干意见》，南京市建筑市场监督网，http://www.njjgc.cn/nsplatform/Articles/1544767904－2957.html。

录，一窗通办”。对无须开展实质性行政检查或行政确认的事项，“一个窗口”即办快结、企业立等可取。涉及多部门、“一个窗口”无法当场办结的审批事项，转办后台具体部门办理。除“一窗通办”之外，广州市还大力推行“一网通办”业务，如广州市烟草专卖局从化分局开通烟草政务服务“一网通办”业务，市民可登录“广东政务服务网”办理各项《烟草专卖零售许可证》业务，包括许可证新办、变更、延续、停业、恢复营业、歇业、补办 7 项内容。从“群众跑来跑去”到“最多跑一次”，从“一站式办结”到“一网通办”，从化分局积极推进“互联网＋政务服务”，努力提升阳光、规范的标准化服务水平。①

（四）政府行政人员廉洁清正

根据民营企业对政府行政人员廉洁清正的主观测评得分，如图 2－13 所示，得分在 0.9 分及以上的城市有 12 个，占比为 35%；得分在 0.8～0.9 分的城市有 14 个，占比为 41%；得分在 0.8 分以下的城市有 8 个，占比为 24%。

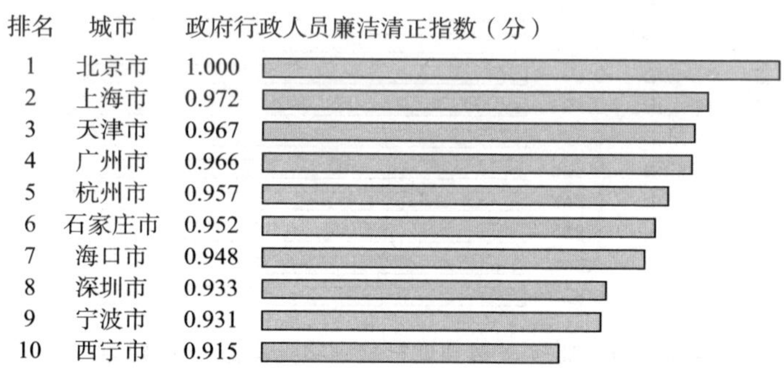

图 2－13　2018 年参评城市政府行政人员廉洁清正指数（前 10 名）

北京市作为我国的首都，一直很重视政府行政人员的素质建设和廉正服务。如北京市通州区档案局联合体育局在 2018 年 7 月 6 日共同邀请区纪委监委委员甄国清同志针对监察知识进行专题讲座，有一百余名机

① 《广东烟草专卖零售许可证办理全面进驻“广东政务服务网”　实现“一网通办”》，烟草市场，http://www.etmoc.com/gedi/Newslist? Id = 106092。

关干部聆听讲座。该讲座的目的就是促进行政干部准确把握监察工作和《中华人民共和国监察法》的核心要义和精神实质，增强机关干部依法履职能力。行政干部的觉悟和认知直接影响基层行政工作者的工作态度和工作作风。这类讲座既使机关干部理解和把握了监察工作的意义，又警示了每一位机关干部要廉洁从政。《中华人民共和国监察法》实施后，通州区档案局党支部积极组织全体机关干部通过集体讨论、自学、撰写体会等形式认真学习，此次活动后，政府行政人员进一步强化学习，深刻领会监察法精神实质，切实筑牢廉洁从政意识，提高依法履职能力。①

（五）规划审批

根据民营企业对规划审批的主观测评得分，如图 2 – 14 所示，从总体上看，被调查的城市在该指标上的得分较低。得分在 0.9 分以上的只有 2 个城市，占比为 6%；得分在 0.8～0.9 分的城市有 17 个，占比为 50%；还有 15 个城市在该指标上的得分在 0.8 分以下，占比为 44%。

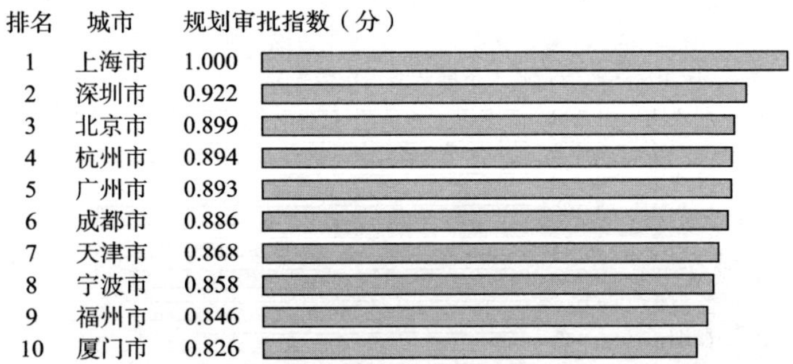

图 2 – 14　2018 年参评城市规划审批指数（前 10 名）

上海市一直很重视规划审批工作。目前，上海 95% 的日常涉税业务可实现网上办理。国家税务总局上海市税务局于 2018 年 4 月正式推行“最多跑一次”清单。2018 年 9 月 20 日，上海市税务局为进一步贯彻落实国务院深化“放管服”改革的决策部署，加快推进“最多跑一次”改

---

① 《通州区委组织部扎实推进〈中华人民共和国监察法〉学习贯彻工作》，北京党建群网，http://www.bjdj.gov.cn/article/22541.html。

革工作，根据相关要求，公布了税务系统第二批“最多跑一次”事项清单共计168项涉税事项（其中165项可全程在网上办理），并于2018年9月30日起正式施行。2018年2月，上海市税务部门正式实施实名办税。已实名认证的办税人员只需提供有效身份证明，再通过高拍仪“刷脸”，当身份信息、人脸信息、系统预留信息比对通过后，便可无障碍地享受优质办税服务，无须每次核验各类证明材料。除了这些措施，上海市还十分重视有针对性地解决企业和民众遇到的问题。如上海市静安区办税服务厅通过数据分析来解决问题，静安区税务局纳税服务科科长胡晓燕表示静安区税务局自主开发了一套“纳税服务效能表”数据管理平台，综合提取了金税、防伪税控、排队叫号系统等多渠道信息，汇总分析后出具了纳税服务“体检报告”，可以直观反映出纳税人业务办理是否顺畅、窗口资源配置是否合理等情况。根据这些数据，相关业务部门可以推出有针对性的服务举措。除此之外，上海市税务部门深化落实“放管服”改革，将便捷办税从“PC端”升级到“移动端”，进一步提升纳税人办税的体验度和获得感。面对迅速变革的信息时代，上海市税务部门不仅将纳税人办税从线下转移到线上，还在前期“PC端”申领的基础上向“移动端”迈进，实现手机微信申请发票专业配送业务。[①]

政务环境是评价营商环境质量的重要依据之一，要提升地方营商环境，必须将改善政务环境作为工作重点。北京市、上海市和深圳市作为全国经济的领军城市，更应该发挥带头作用，积极提升政务环境。

---

① 《上海：便捷办税从“PC端”升级到“移动端”》，央广网，https://www.cnr.cn/shanghai/tt/20180320/t20180320_524171566.shtml。

第三章

市场经营环境：基本情况及指标分析

第一节　全国市场经营环境文献综述

在本章中，我们将从市场监管、企业贷款、企业用地、大企业竞争四个方面梳理以往关于市场经营环境的调查与研究，从而对近些年我国的市场经营环境有一个总体、全面的把握，在此基础上对我国市场经营环境的现状进行分析。

从市场监管方面看，市场监管在理论上包含两个方面，即市场主体准入和市场主体行为。市场主体准入主要从两个方面进行监管，即准入前和准入后。准入前要对市场主体进行严格的审核登记，杜绝非法经营以及不合理投资，对重点行业要加大扶持力度。符合准入条件的，获得市场主体资格，并明确其权利和义务。市场主体获得准入资格后也可能存在未按登记进行经营的违法行为，所以要对经营中的市场主体进行回访和巡查。市场主体行为的监管是对获得准入资格的市场主体的市场行为进行跟踪监管，主要针对制假、售假、操纵垄断和不正当竞争、进行虚假宣传、产品质量差等经营行为进行监管。[①] 根据当前研究，自国内

---

① 戎天美：《“大市场、大监管”背景下市场监管模式研究》，《河北企业》2018 年第 12 期，第 66 ~ 67 页。

市场监管体制改革以来，主要形成了三种监管模式。（1）倒金字塔模式。倒金字塔模式以安徽、浙江为代表，全国 80% 以上的行政区域采用倒金字塔模式，其主要特点是基层“三合一”。倒金字塔模式强调属地管理。省市级各局分立，区县（市）合并，有助于基层便民服务与综合执法。但是，属地管理易带来地方保护主义，使案件出现“压瞒”现象，并极有可能出现同案不同判的情况。同时，上级部门分设使区县（市）与上级部门工作对接不顺畅，一对多，会出现法律文书、公章、执法资格、内容、服装等方面的不一致，带来工作不便、执法效能不强和工作积极性不高等问题。（2）圆柱型模式。圆柱型模式以天津市为代表，从省（自治区、直辖市）级起上下统一机构。圆柱型模式强调部门垂直管理。部门垂直管理通常实行地方政府和上级同类型部门的“双重领导”，上级主管部门负责管理业务“事权”，地方政府负责管理“人、财、物”，且纳入同级纪检部门和人大监督。垂直管理部门的优势是垂直性、相对独立性、标准与执法的一致性，业务的敏感性更强，专业化程度更高。现阶段，“三局合一”的圆柱型模式的主要弊端在于只有“物理结合”，没有“化学融合”。市场监管的矛盾从职能交叉、多头管理转向合并后的部门综合协调成本加大。（3）统分结合模式。统分结合模式以深圳市为代表，市级层面“三局合一”，下设市场监督管理局、食品药品监督管理局和直属市场稽查局；区级设市场监督管理分局、食品药品监督管理分局和直属市场稽查分局；街道设派出机构。统分结合模式充分考虑了对食品药品监管的专业性、技术性和特殊重要性，采取了分类监管方式。另外，设立统一的管理部门市场和质量监督委员会，相关政策和监管执法队伍由该委员会统一制定和管理。①

进一步优化市场监管体制、加强市场综合监管、推进市场监管综合执法，是党中央、国务院做出的重大决策，是优化政府机构职能、推进国家治理体系和治理能力现代化、发挥市场的力量、推动我国经济高质

① 戎天美：《“大市场、大监管”背景下市场监管模式研究》，《河北企业》2018 年第 12 期，第 66～67 页。

量发展、适应经济全球化、提高国际竞争力的迫切需要。为推进监管改革创新、提升监管效能，重塑我国市场监管格局和市场体系，2017 年国务院印发《“十三五”市场监管规划》，将提高监管效率作为市场监管的基本要求，并将市场监管改革与创新作为贯穿该规划的主线。改革监管方式，提高市场监管的有效性，营造公平有序的市场环境，是新时代市场监管部门履行职责面临的紧迫任务。我国各大城市也积极开展市场监管改革，努力营造良好的市场监管环境。以上海市为例，2018 年上海市长宁区市场监管局围绕深入贯彻落实长宁区委、区政府关于加大优化营商环境改革的部署和要求，以“一分部署、九分落实”的精神，结合“大走访”“大调研”，紧扣企业发展的“痛点”、“难点”和“堵点”，以更加便利的准入登记和更加有效的事中事后监管措施，不断推进长宁区市场监管领域优化营商环境制度性政策举措有效落实，并取得初步成效。此外，上海市长宁区深入推进“网络市场监管与服务示范区”创建。一是制订了示范区创建工作 2018 年行动计划，继续在全面优化营商环境、不断深化综合监管、持续扩大服务功能、积极倡导共建共治等方面加强制度和监管服务创新，在更大范围、更深程度上尽快形成可复制推广的制度和经验。二是在与余杭市场监管局建立跨省监管协作工作机制的基础上，2018 年 3 月实现关于网络违法案件线索移送和案件协查的双向互通。①

从企业贷款方面看，2019 年来自中国银行的一项调查显示，在 1000 家民营企业中，超过 90% 未通过债券市场、影子银行、民间借贷、互联网金融等渠道获得过融资，仅有 13% 的民营企业从信托、证券、租赁和私募渠道获得了少量融资。34% 的民营企业认为，2018 年以来银行以外的融资渠道收缩；24% 的民营企业认为，银行外的融资难度增大。该调查还显示，2018 年以来，由于严监管导致其他融资渠道受限，许多企业融资向银行贷款迁移。一方面，导致银行贷款增速加快，贷款利率上升，

---

① 《上海长宁区获国务院激励 优先获外商投资企业登记注册权》，东方网，http://shzw.eastday.con/shzw/g/20180516/vlai11439116.html。

银行贷款占社会融资总量的比重上升；另一方面，信托贷款、委托贷款、债券、股票等渠道融资规模显著减小。此外，该研究还指出中西部地区以及前期不良贷款上升较快的地区融资难问题更加突出。[①] 这项研究结果表明，我国中小民营企业在贷款方面面临诸多困难。例如，在海南省，黄革、王立、符洪瑞于2019年2月围绕小微企业融资等问题，对海南省范围内923户样本企业开展的调查研究结果也显示了以下几点：（1）银行贷款仍是企业融资的主渠道，但超四成企业贷款申请未得到足额满足，企业融资成本偏高。（2）2018年，海南省银行机构信贷质量总体呈劣化趋势，不良率有所攀升。9月末全省不良率较上月上升0.16个百分点，较2018年初及2017年同期分别上升0.81个和0.99个百分点，特别是关注类贷款率涨幅尤为明显。从不良贷款的分布来看，2018年三季度全省标准化存贷款抽样数据显示：农林牧渔业和建筑业贷款不良率远高于其他行业；抵押贷款不良率涨幅明显，组合担保类贷款不良率始终居高不下。上述不良率相对较高的贷款中，占比最高的均为小微企业。（3）海南省有超八成企业需通过抵押及担保获得信贷支持，但抵押品不足常常导致贷款不能获得审批。[②]

在内蒙古自治区，中小民营企业也存在着"融资难、融资贵"的问题，主要体现在三个方面。（1）受经济下行影响，不良贷款攀升、小微贷款风险高，部分金融机构发展小微业务的信心不足、意愿不高。据2018年的调研结果，中国工商银行内蒙古分行近年来受到地区经济环境、金融机构在业务处理中普遍顾虑经济下行及处置问责等因素的影响，加之审查审批环节趋严，导致符合条件的新营销、报审业务和项目有限。除了中国工商银行内蒙古分行外，浦发银行呼和浩特分行在项目筛选和审查过程中，只给能够做大做强、经济效益好的企业和经营状况好的个

① 《中国总会计师》编辑部：《多视角看民营企业融资难》，《中国总会计师》2019年第2期，第24~25页。

② 黄革、王立、符洪瑞：《当前小微企业融资现状、问题及建议——基于对海南省923户企业融资情况的问卷调查》，《普惠金融》2019年第2期，第66~69页。

体工商户授信，2018 年新发放的小微企业贷款基本都是原有老客户转贷，几乎没有新增加的小微企业授信。（2）小微企业基础薄弱，有效抵质押物少、担保品不足增加了小微企业融资难度。在内蒙古自治区 2018 年向银行提交申请贷款的小微企业中，超五成因缺少抵押品或保证人被拒贷。同时，受供给侧结构性改革以及环保等政策因素影响，传统行业小微企业融资难度加大，且对预期融资环境不乐观。据中国人民银行呼和浩特中心支行对内蒙古自治区 16 个行业、1500 家小微企业融资情况的调研，2018 年已获贷小微企业中，属于采矿业、电力燃气、房地产业等传统行业的小微企业占比仅为 5.86%，同比下降 1.90 个百分点；农牧业、科学技术服务业等政策扶持行业小微企业占比达 31.67%，同比提高 3.33 个百分点。20.69% 的被调查企业认为从银行获取贷款的难度将会提高，较同期认为“难度下降”的企业占比高 5.79 个百分点；13.65% 的企业认为通过内部积累和自筹方式融资的难度提高，较同期认为“难度下降”的企业占比高 7.46 个百分点。（3）内蒙古自治区 2018 年上半年“两增两控”不达标金融机构高达 106 家，其中地方法人金融机构 99 家。农村信用社系统的农村合作金融机构和使用农信社业务系统的村镇银行因财务系统尚未实现对小微企业利息收入进行单独核算，无法享受优惠政策。[①]

在广西壮族自治区，民营企业在贷款方面也遇到了类似问题。（1）受传统信贷机制限制，企业融资成本高。大部分金融机构发放的小微企业贷款仍然以土地、厂房等不动产抵押为主，但大多数小微企业无法提供优质抵押物，从而造成贷款获得率低。（2）小微企业不良贷款率较高。截至 2018 年 6 月末，广西壮族自治区小微企业不良贷款余额为 510.96 亿元，不良贷款率为 10.81%，比全部企业不良贷款率高 6.29 个百分点，比大型企业不良贷款率高 10.33 个百分点，比中型企业不良贷款率高 7.68 个百分点。小微企业不良贷款率在各类企业里是最高的，各家银行深知小微企业贷款具有高风险性，这也是小微企业贷款难、贷款贵的根

---

① 师立强：《关于内蒙古自治区金融服务小微企业的调查与思考》，《北方金融》2018 年第 11 期，第 3～5 页。

本性原因。（3）担保体系不完善，担保公司数量少。广西壮族自治区创新出台政银担合作模式，由担保机构、自治区财政、合作银行、所在地本级财政按照4∶3∶2∶1的比例分别承担风险补偿，将小微企业作为政策性担保的重中之重。但目前覆盖范围小，参与银行机构少，真正与银行业有担保业务往来的公司平均每个设区市只有1～3家，小微企业目前仍难以获得贷款担保服务。[①] 同样的，郑宝利研究发现，在大庆市，小微企业在融资方面也面临着上述问题，一方面，目前大庆市大部分企业仍以银行贷款方式为主，制约了小微企业融资渠道进一步拓宽，大部分小微企业不具备发债资格，直接融资发展缓慢；另一方面，小微企业成长性不足，抗风险能力较弱，普遍存在规模有限、产品同质化程度高、市场竞争力不足等问题。[②]

从企业用地方面看，土地是企业生存与发展的根本。随着经济社会的快速发展，工业用地的需求量逐年增多，民营企业用地难已成为各地普遍存在的现象。孙金锋认为，我国当前"用地难"问题主要有三方面的原因。第一，建设用地比较少。近年来，我国城市化进程快速推进，房地产开发和基础设施建设用地规模不断扩大，处于城区及城乡接合部的企业被迫迁移，导致辖区工业用地不断缩减。对耕地需要进行有效保护，因而可供建设的用地空间变得非常有限，各类建设都在挤占有限的用地空间，民营企业在供地市场中往往处于弱势地位。某些城市盲目扩展，挤占了大量工业用地。第二，闲置用地回收难，土地利用效率低。在实际的项目推进过程中，不少企业没能做到按期动工、正常生产，存在"圈而不用"或"用而不实"的现象，土地产出低下，资源浪费现象较为严重。有些处于城乡接合部的企业投机囤积土地，以期获得高额拆迁补偿，土地资源被闲置，造成大项目排队等地、小项目无地安置的局

---

① 何安妮：《广西小微企业融资发展状况研究》，《经济研究参考》2018年第65期，第62～63页。

② 郑宝利：《金融支持小微企业助力经济转型的实践与思考——以大庆市为例》，《黑龙江金融》2019年第1期，第71～73页。

面。更重要的是，由于多数民营企业规模较小，加上乡镇规划建设管理相对滞后，小微企业发展较为分散，土地利用率严重偏低。第三，土地集约化利用程度低。受建筑水平、部分重型设备自重的影响，工业用地容积率较低的问题长时间未能得到有效解决。有些地区推崇建造花园式厂房，虽然提高了绿化面积、美化了厂区环境，但也大大降低了土地的利用率。①

在山西省，中小企业“用地难”主要体现在以下三个方面。（1）“能源基地”定位导致了大中型资源型企业挤占用地。山西省作为资源型省份，采煤用地和工业用地的占比较高，其较强的资源开发特性，需要占用较多建设用地，对中小企业发展具有“挤出效应”，造成中小企业用地难题。（2）山西省对中小企业重视不够。山西省一直极为重视对资源型大企业的改革、重组，重视大型企业的发展，而缺乏对发展地方中小企业的重视。② 刘忠永、刘海荣、梁旭忠指出，在有限用地指标的限制下，政府对地块大小的不合理调配成为中小企业难以获得土地的阻碍之一。资源型大企业属于企业中强势的一支，资源和环境因素对其发展有极大的推动力，在一定程度上政府在执行供地政策、集约用地政策时会倾向大企业，容易多安排较大地块给大企业，中小企业分到的地块较少，而已分配到的指标无法满足企业进一步发展的用地需求，使中小企业建设进程缓慢。③

在东莞市，企业建设用地也存在以下三方面的问题。（1）土地规划空间不足。截至 2015 年，东莞市可用于建设的土地仅剩 23 万亩，可挖掘的土地后备资源潜力有限。东莞正处于经济社会双转型时期，面临着高水平崛起的巨大压力。用地空间不足、用地供需矛盾突出是东莞城市建设和经济发展长期面临的问题。（2）用地计划指标短缺。广东省下达

① 孙金锋：《民营企业用地难成因分析与对策》，《河北企业》2014 年第 6 期，第 55～56 页。

② 杜佳：《山西中小企业用地难研究》，《生产力研究》2015 年第 8 期，第 104～108 页。

③ 刘忠永、刘海荣、梁旭忠：《中小企业用地难成因分析及对策措施》，《浙江国土资源》2013 年第 4 期，第 29～30 页。

给东莞的年度用地指标相对较少，2012～2015 年每年仅有 1 万亩左右，而 GDP 增长需求为 3 万～4 万亩，用地指标缺口较大。此外，全市耕地后备资源不足，可能会陷入“有用地指标也使用不了”的尴尬境地。（3）闲置、低效利用土地数量庞大。2006 年，东莞处置闲置土地 4.3 万亩，征收土地闲置费近 4 亿元。然而，东莞闲置土地越积越多，2012 年初，曾超过 10 万亩这一天量数据。低效利用土地的数量也十分惊人，光归入“三旧”改造的土地就有 30 万亩之多。之后经过闲置土地处置和“三旧”改造，情况有所好转，2013 年东莞盘活了 1.6 万亩存量土地，处置了 6200 亩闲置土地，但仍有大量的土地待盘活。①

在重庆市，企业用地主要有入住工业园区、租赁集体土地和园区建设前购地建厂或租赁厂房三种方式。其用地过程中存在的问题主要包括以下四个方面。（1）偏重于招大商，承接中小企业动力不足。地方政府（园区管委会）在招商引资过程中，普遍秉持“招大、招强、招好商”理念，希望招大企业、好项目，对中小企业关注不够。其主要原因在于现行工业招商引资政策的考核导向，更偏重于招商金额、投入产出强度、创造税收等方面，更注重对龙头企业的服务保障，对中小企业缺乏兴趣。同时，园区普遍反映工业发展空间不足，而已供工业用地和一些厂房因经营不善、市场环境等闲置或改作商用，未有效利用却无法退出，导致用地空间更为紧缺，园区更愿意将有限的用地指标优先用于引进大型企业。（2）受制于园区准入门槛，中小企业普遍难达标准。为推动区域产业集群发展，各园区均明确了主导产业和重点产业链，一些项目因不符合园区产业定位难以入园。同时，为拉动地方经济增长、实现节约集约用地，工业园区对入驻项目的投入产出强度、创造税收、最小供地面积均设有准入门槛，一些中小企业难以达到入园的基本门槛。（3）相较于入园“双重成本”，中小企业承担的压力较大。一些中小企业受发展条件限制，当期规模较小，生产工艺也落后，但有较大市场空间，可通过

---

① 李传志：《东莞企业用地难的破解之道》，《广东经济》2015 年第 1 期，第 74～78 页。

技改升级、设备换新等方式转型升级，以达到入驻园区标准。但企业须同时承担工艺提升、设备换新等费用，以及土地或厂房购置费用，面临“双重成本”压力。目前，重庆市工业用地普遍采取一次性出让50年的模式，企业前期支付用地成本较高。（4）园区规划建设与企业实际需求存在一定错位。中小企业在选址时，与供应商的物流成本是其主要考虑因素，可能与园区推荐落地区位有出入。部分园区基础配套有缺位，地域较为偏僻，造成招工难，企业入驻积极性不高。还有部分园区基于提升整体形象的考虑，往往要求项目业主“高规格”开发标准厂房，用于引进发展数字经济、研发设计、企业总部经济等，忽略了中小企业类型的多样性和需求的多样性，导致一些对厂房承重、层高等有较高或特殊要求的企业难以入驻。①

宁波市为解决民营企业“用地难”的问题，专门制定了《国土资源系统支持民营经济高质量发展的十条政策措施》以积极响应民营企业呼声，加大政策支持力度，强化用地保障，将在全面保障重大项目用地的同时，统筹当年新增建设用地、历年批而未供土地、存量盘活挂钩指标，优先用于小微企业园建设，保障民营小微企业发展用地。鼓励支持建设多层标准化厂房、企业孵化器、科技园等，积极开展地上和地下空间综合利用。充分发挥二级市场作用，允许未完成开发投资总额25%以上的国有建设用地使用权依法转让；允许自然人、企业作为抵押权人依法申请办理不动产抵押登记；允许民营企业依法取得的教育设施、医疗卫生设施和其他社会公益设施建设用地使用权设立抵押权。②

从大企业竞争方面看，笔者发现目前基本没有专门针对大企业竞争压力情况的调查和研究，本章第三节专门调查了当前民营企业对全国整体以及当地大企业竞争压力的评价，来弥补当前研究调查领域的空白。

---

① 翟建松、钱昱如：《中小企业用地难问题及对策研究——基于重庆市的调研》，《中国土地》2019年第11期，第43～44页。

② 《破解投资发展“用地难”》，《宁波日报》2018年11月12日。

总之，通过对相关调查和研究结果进行梳理，笔者发现，过去几年中，在政府的努力下，我国的市场监管环境、企业贷款环境、企业用地以及大企业竞争压力环境改善取得了进步，但仍然存在着许多问题与困境。基于此，本章将从市场监管、企业贷款、企业用地、大企业竞争四个维度来全面把握我国当前市场经营环境的最新情况，及时发现问题所在，进而针对问题提出合理的建议。

第二节　市场监管

改革开放 40 多年来，中国取得了举世瞩目的成就。随着市场经济发展的不断深入，我国的经济体制也在不断转型和完善。在转型的过程中，市场监管虽然发挥了一定的作用，但是市场秩序、市场环境还是存在一些矛盾和问题，如职能交叉、重复检查、耗费时间过长等，不能很好地服务于企业的发展。

市场监管是发挥市场的力量、推动我国经济高质量发展的重要手段。高效科学的市场监管体制与方式能够为企业营造一个公平、轻松的发展环境，有利于激发企业的活力与创造力，而过度低效的监管则会加重企业发展的负担，不利于良好营商环境的构建。2018 年 9 月，李克强总理在谈及市场监管工作时也提出监管工作要争当“金哨”，不吹“黑哨”，尽最大可能减少“误哨”。要把市场管活而不是管死，管优而不是管乱。本章对全国市场监管情况的考察主要侧重于企业接受检查的次数、检查的时间以及接受检查所需的费用三个方面。

一　检查次数

据统计，参与调查的民营企业在调查前一年中平均接受检查的次数为 2.11 次，即平均半年接受一次检查。

从不同城市的情况来看，如图 3－1 所示，在参与调查的 34 个城市中，80% 以上的民营企业表示一年内接受检查次数不超过 3 次的城市有 24 个，分别是南京市、厦门市、太原市、海口市、成都市、上海市、宁波市、沈阳市、杭州市、郑州市、石家庄市、大连市、西安市、福州市、南宁市、济南市、昆明市、哈尔滨市、南昌市、兰州市、乌鲁木齐市、深圳市、北京市和呼和浩特市，占比为70.6%；70%~80%的民营企业表示一年内接受检查次数不超过3次的城市有5个，占比为14.7%；低于70%的民营企业表示一年内接受检查次数不超过3次的城市有5个，占比为14.7%。

表3-1　不同城市民营企业一年内检查次数不超过3次的情况（前10名）

单位：%

排名	城市	百分比
1	南京市	97.4
2	厦门市	95.1
3	太原市	94.7
4	海口市	93.1
5	成都市	92.9
6	上海市	92.5
7	宁波市	91.7
8	沈阳市	89.9
9	杭州市	89.8
10	郑州市	89.8

二　检查时间

根据数据分析，参与调查的民营企业在调查前一年中每次接受检查平均花费的时间（自检查人员上门开始至结束）为1天，检查所需要的时间较短。

具体来看，在参与调查的34个城市中，大部分民营企业每次接受检查需要花费的时间都能保证在3天以内（含3天）。95%以上的民营企业每次接受检查花费时间在3天及以内的城市有29个，分别是广州市、天津市、宁波市、杭州市、南京市、南宁市、福州市、武汉市、厦门市、西安市、长春市、石家庄市、济南市、乌鲁木齐市、郑州市、太原市、上海市、沈阳市、呼和浩特市、昆明市、南昌市、大连市、深圳市、成都市、贵阳市、海口市、哈尔滨市、银川市、兰州市，占比为85.3%。其中，广州市和天津市每次接受检查花费时间在3天及以内的民营企业的占比均达100%（见表3-2）。

表3-2 不同城市民营企业每次接受检查花费时间在3天及以内的情况（前10名）

单位：%

排名	城市	百分比
1	广州市	100.0
1	天津市	100.0
3	宁波市	99.8
4	杭州市	99.8
5	南京市	99.8
6	南宁市	99.7
7	福州市	99.5
8	武汉市	99.2
9	厦门市	98.9
10	西安市	98.7

三 检查费用

表3-3展示了不同城市的民营企业接受免费检查的情况。总体来说，在参与调查的34个城市中，大部分民营企业接受检查不需要支付任何费用。具体来看，90%以上的民营企业能够接受免费检查的城市有21个，分别是成都市、南京市、长沙市、天津市、昆明市、大连市、西安市、杭州市、太原市、郑州市、海口市、贵阳市、宁波市、石家庄市、济南市、哈尔滨市、厦门市、兰州市、上海市、福州市和重庆市，占比为61.8%。其中，成都市参与调查的民营企业100%都能够接受免费检查。80%～90%的民营企业接受检查不需要花费任何费用的城市有11个，占比为32.4%。

表 3-3 不同城市民营企业接受免费检查的情况（前 10 名）

单位：%

排名	城市	百分比
1	成都市	100.0
2	南京市	99.3
3	长沙市	98.6
4	天津市	97.8
5	昆明市	97.4
6	大连市	97.1
7	西安市	96.5
8	杭州市	96.2
9	太原市	96.0
10	郑州市	95.6

第三节　企业用地及竞争

随着经济社会的快速发展，工业用地的需求量逐年增多，但是国家对土地使用的调控政策日益严格，同时土地价格也在不断攀升，土地资源日益稀缺，土地资源的不可再生性使土地供需矛盾日益突出，“用地”问题正在成为影响民营企业发展的重要因素。此外，在市场经营环境中，大型企业的竞争也给许多中小企业的发展带来了无形压力。企业用地以及大企业竞争环境是市场经营环境的组成部分，本节主要通过分析我国民营企业对全国整体以及不同城市的地价、租金和大企业竞争压力的评价以及满意情况，从侧面反映民营企业的经营环境。

一　地价、租金情况

对地价或租金的评价由 34 个城市的民营企业进行主观评分，分值从最低分 1 分到最高分 5 分，分值越高表示评价越高。通常，分值为 1～2 分表示评价较低，对地价或租金不太满意；分值为 3 分表示评价一般；

分值为 4～5 分表示评价较高，对地价或租金满意。通过数据分析可知，民营企业对地价或租金的总体平均评分为 3.96 分，接近 4 分，说明评价较高。

虽然民营企业对地价或租金的评价总体较高，但不同城市民营企业对当地地价或租金的满意情况不同。根据表 3－4 可知，在参与调查的 34 个城市中，80% 以上的民营企业对当地地价或租金持满意态度的城市有 6 个，分别为广州市、哈尔滨市、南京市、杭州市、南宁市和石家庄市，占比为 17.6%。其中，广州市参与调研的全部民营企业对当地地价或租金均表示满意。不足 60% 的民营企业对地价或租金表示满意的城市有 12 个，占比为 35.3%。

表 3－4　不同城市民营企业对当地地价或租金的满意情况（前 10 名）

单位：%

排名	城市	百分比
1	广州市	100.0
2	哈尔滨市	97.1
3	南京市	96.0
4	杭州市	87.2
5	南宁市	81.8
6	石家庄市	81.3
7	福州市	78.8
8	武汉市	78.0
9	长春市	76.0
10	厦门市	75.8

二　竞争压力情况

对大企业竞争压力的评价由 34 个城市的民营企业进行主观评分，分值从最低分 1 分到最高分 5 分，分值越高表示评价越高。通常，分值为 1～2 分表示评价较低，对大企业竞争压力不太满意；分值为 3 分表示评价一般；分值为 4～5 分表示评价较高，对大企业竞争压力满意。

由数据分析可知，民营企业对大企业竞争压力的总体平均评分为3.98分，评价较高，表明大企业在发展过程中，并没有过度“掠夺”中小民营企业的生存发展空间。

在参与调查的34个城市中，不同城市的民营企业对当地大企业竞争压力的满意情况不同。表3-5显示，80%及以上的民营企业对当地大企业竞争压力表示满意的城市有10个，分别是广州市、哈尔滨市、杭州市、福州市、西安市、海口市、南京市、大连市、贵阳市和长春市，占比为29.4%。其中，广州市持满意态度的企业达100%。60%以上但低于80%的民营企业对当地大企业竞争压力表示满意的城市有16个，占比为47.1%。持满意态度的民营企业比例不足50%的城市有5个，主要分布在西北和西南地区。

表3-5 不同城市民营企业对当地大企业竞争压力的满意情况（前10名）

单位：%

排名	城市	百分比
1	广州市	100.0
2	哈尔滨市	94.3
3	杭州市	87.2
4	福州市	86.5
5	西安市	84.5
6	海口市	83.9
7	南京市	82.7
8	大连市	81.6
9	贵阳市	80.3
10	长春市	80.0

第四节 企业贷款与运营

长期以来，中小企业为我国经济社会发展做出了重要贡献，但“融资难、融资贵”问题一直是制约中小企业发展的“顽疾”，受到中央和社会各方面的高度关注。习近平总书记指出，“要解决中小企业融资难的问题，为中小企业提供可靠、高效、便捷的服务”①。其中，宽松良好的金融投资环境是衡量一个地区市场经营环境优劣的重要依据。降低信贷综合成本、提高信贷服务便利度和企业申贷获得率也是优化营商环境的重要举措。本节主要从企业贷款难易程度、企业贷款手续便捷程度以及企业贷款次数三个方面来考察企业贷款的情况。

企业各项手续办理的便捷程度是保障企业正常生产运营的前提。根据《深化党和国家机构改革方案》，将国家工商行政管理总局、国家质量监督检验检疫总局、国家食品药品监督管理总局职责，以及国家发展和改革委员会、商务部和国务院反垄断委员会办公室等职责整合，组建国家市场监督管理总局，作为国务院直属机构。挂牌运行以来，国家市场监督管理总局深化商事制度改革，进一步推动“证照分离”，大幅压缩企业开办时间，简化企业注销流程，减环节、压时间、降成本，努力打造更加优质的企业运营环境。本节将从办理营业执照和企业注销的便捷程度、办理施工许可和获取修建厂房许可便捷程度、办理用电手续便捷程度、办理环境影响评价（环评）便捷程度、办理不动产登记交易便捷程度等方面具体分析民营企业运营环境的现状。

一　企业贷款难易程度

民营企业和小微企业融资难、融资贵一直是我国金融市场发展的“痛点”和“难点”，企业贷款主要包括抵押贷款和信用贷款两个方面。对企业贷款难易程度的评价由民营企业进行主观评分，分值从最低分 1 分到最高分 5 分，分值越高表示评价越高。通常，分值为 1 ~ 2 分表示评价较低，对企业贷款难易程度不太满意；分值为 3 分表示评价一般；分值为 4 ~ 5 分表示评价较高，对企业贷款难易程度满意。

如图 3 - 1 所示，民营企业对取得抵押贷款的难易程度和取得信用贷款的难易程度两项评价的平均得分分别为 3.13 分和 3.18 分，表明

① 《习近平告诉你经济应该这么抓》，新华网，2016 年 8 月 6 日。

评价一般。这一结果从侧面反映出我国民营企业在贷款的过程中存在困难。

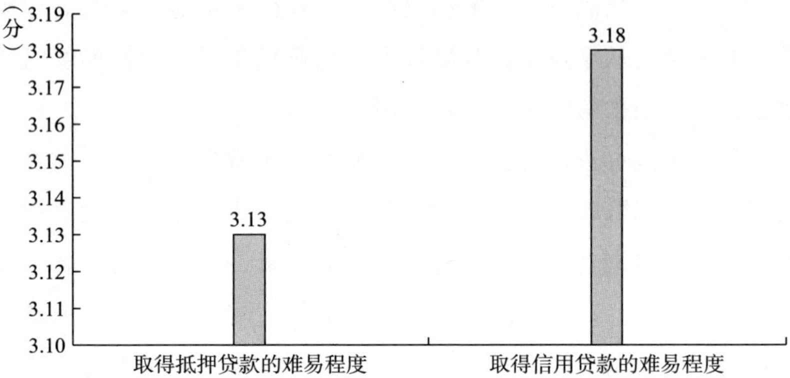

图 3－1 民营企业对企业贷款难易程度的评价

表 3－6 和表 3－7 分别展现了不同城市的民营企业对取得抵押贷款难易程度和取得信用贷款难易程度的满意情况。

从取得抵押贷款的难易程度方面来看，在参与调查的 33 个城市中，大部分城市的民营企业对当地取得抵押贷款难易程度的评价不高，有 26 个城市不到 50% 的民营企业对当地取得抵押贷款难易程度表示满意，占比为 78.8%；仅有 5 个城市表示满意的民营企业占比在 60% 以上，分别是成都市、海口市、福州市、杭州市和天津市，占比为 15.2%。其中，成都市 100% 参与调查的民营企业均对当地取得抵押贷款难易程度表示满意。

表 3－6 不同城市民营企业对当地取得抵押贷款难易程度的满意情况（前 10 名）

单位：%

排名	城市	百分比
1	成都市	100.0
2	海口市	74.1
3	福州市	70.5
4	杭州市	64.9
5	天津市	62.5

续表

排名	城市	百分比
6	哈尔滨市	53.8
7	济南市	53.1
8	大连市	48.4
9	南宁市	47.5
10	长春市	47.1

从取得信用贷款的难易程度来看，在参与调查的33个城市中，对当地取得信用贷款的难易程度表示满意的民营企业并不多。仅有成都市、海口市、福州市、天津市和杭州市5个城市对当地取得信用贷款的难易程度表示满意的民营企业占比在60%以上，其中，成都市表示满意的民营企业占比为80%。还有24个城市对当地取得信用贷款的难易程度表示满意的民营企业占比不足50%。

表3-7　不同城市民营企业对当地取得信用贷款难易程度的满意情况（前10名）

单位：%

排名	城市	百分比
1	成都市	80.0
2	海口市	72.9
3	福州市	71.8
4	天津市	66.7
5	杭州市	65.7
6	大连市	54.8
7	乌鲁木齐市	52.2
8	哈尔滨市	51.9
9	西安市	50.6
10	济南市	49.0

二　企业贷款手续便捷程度

企业贷款手续便捷是缓解企业贷款压力的重要一环。对企业贷款手续便捷程度的评价由33个城市的民营企业进行主观评分，分值从最低分1分到最高分5分，分值越高表示评价越高。通常，分值为1～2分表示评价较低，对企业贷款手续便捷程度不太满意；分值为3分表示评价一般；分值为4～5分表示评价较高，对企业贷款手续便捷程度表示满意。由数据分析可知，当前我国民营企业对贷款手续便捷程度的总体平均评分为3.17分，评价一般，表明企业在办理贷款的过程中存在困难与不便。

表3－8展现了不同城市的民营企业对贷款手续便捷程度的满意情况。和对贷款难易程度的评价结果类似，在33个城市中，大部分城市的民营企业对当地贷款手续便捷程度的评价没有达到满意水平。仅有成都市、福州市、海口市、天津市、杭州市5个城市对当地贷款手续便捷程度表示满意的民营企业占比在65%以上，占比为15.2%。其中，成都市表示满意的民营企业占比最高，为80%。有24个城市对当地贷款手续便捷程度表示满意的民营企业占比不足50%。

表3－8　不同城市民营企业对当地企业贷款手续便捷程度的满意情况（前10名）

单位：%

排名	城市	百分比
1	成都市	80.0
2	福州市	70.5
3	海口市	68.2
4	天津市	66.7
5	杭州市	65.7
6	哈尔滨市	53.8
7	大连市	53.2
8	乌鲁木齐市	50.7
9	济南市	50.0
10	南昌市	47.1

三　企业贷款次数

从每年办理银行贷款次数的总体情况看，民营企业平均每年办理银行贷款 2.29 次。

从不同城市的民营企业每年办理贷款次数看，大部分民营企业平均每年办理贷款次数都稳定在 3 次及以下。在参与调查的 32 个城市中，有 29 个城市 80% 以上的民营企业每年办理贷款不超过 3 次，占比为 90.6%。其中，如表 3－9 所示，天津市和重庆市所有参与调查的民营企业每年办理贷款次数均不超过 3 次；福州市、沈阳市、银川市、兰州市、石家庄市、昆明市、贵阳市、西安市、上海市、深圳市、哈尔滨市、乌鲁木齐市和武汉市等 13 个城市均有 90% 以上的民营企业每年办理贷款不超过 3 次。

表 3－9　不同城市民营企业平均每年办理贷款 3 次及以下的情况（前 10 名）

单位：%

排名	城市	百分比
1	天津市	100.0
2	重庆市	100.0
3	福州市	96.7
4	沈阳市	96.0
5	银川市	94.6
6	兰州市	93.2
7	石家庄市	93.0
8	昆明市	92.9
9	贵阳市	92.7
10	西安市	92.6

四　办理营业执照和企业注销的便捷程度

营业执照是企业合法经营的凭证，也是企业从事生产经营活动的“通行证”。快速、便捷的营业执照办理过程不仅是各类民营企业的诉求，也是打造良好营商环境的要求。而企业注销标志着企业另一个全新的开始，只有便捷的企业注销办理手续，才能使企业快速投入到其他领域，开始新的发展。本研究通过主观评分的方式来反映我国民营企业对办理营业执照便捷程度和办理企业注销便捷程度的评价。分值从 1 分到 5 分，分值越高表示评价越高。通常，分值为 1 ~ 2 分表示评价较低，对办理营业执照和办理企业注销便捷程度不太满意；分值为 3 分表示评价一般；分值为 4 ~ 5 分表示评价较高，对办理营业执照和办理企业注销便捷程度表示满意。如图 3 - 2 所示，民营企业对办理营业执照便捷程度的平均评分为 4. 55 分，对办理企业注销便捷程度的平均评分为 4. 41 分，二者得分均较高，说明我国办理营业执照和企业注销较为便捷，获得了民营企业的认可。

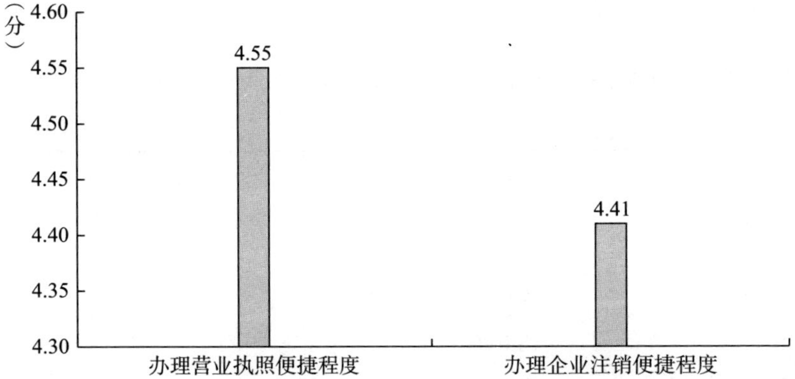

图 3 - 2　民营企业对办理营业执照和企业注销便捷程度的评价

表 3 - 10 展示了不同城市的民营企业对办理营业执照便捷程度的满意情况。在参与调查的 34 个城市中，90% 以上的民营企业对当地办理营业执照便捷程度表示满意的城市有 14 个，分别是广州市、杭州市、南京市、天津市、武汉市、哈尔滨市、石家庄市、西安市、海口市、福州市、大连市、宁波市、郑州市和长春市，占比为 41. 2% 。其中，广州市和杭州市表示满意的民营企业的占比高达 100% 。80% ~ 90% 的民营企业对当地办理营业执照便捷程度表示满意的城市有 14 个，占比为 41. 2% 。不足 80% 的民营企业对当地办理营业执照便捷程度表示满意的城市有 6 个，

占比为 17.6%。

表 3-10　不同城市民营企业对当地办理营业执照便捷程度的满意情况（前 10 名）

单位：%

排名	城市	百分比
1	广州市	100.0
1	杭州市	100.0
3	南京市	99.3
4	天津市	98.9
5	武汉市	95.9
6	哈尔滨市	95.8
7	石家庄市	95.5
8	西安市	95.3
9	海口市	95.1
10	福州市	94.3

表 3-11 展示了不同城市的民营企业对办理企业注销便捷程度的满意情况。在参与调查的 33 个城市中，90% 以上的民营企业对当地办理企业注销便捷程度表示满意的城市有 9 个，分别是杭州市、南京市、天津市、武汉市、哈尔滨市、西安市、宁波市、石家庄市和大连市，占比为 27.3%；80%～90% 的民营企业对当地办理企业注销便捷程度表示满意的城市有 12 个，分别是福州市、海口市、郑州市、长春市、南宁市、昆明市、合肥市、济南市、上海市、贵阳市、北京市和长沙市，占比为 36.4%；70%～80% 的民营企业对此表示满意的城市有 9 个，占比为 27.3%；不足 70% 的民营企业对此表示满意的城市只有 3 个。

表 3-11　不同城市民营企业对当地办理企业注销便捷程度的满意情况（前 10 名）

单位：%

排名	城市	百分比
1	杭州市	99.7
2	南京市	99.1
3	天津市	96.6

续表

排名	城市	百分比
4	武汉市	94.8
5	哈尔滨市	93.4
6	西安市	92.0
7	宁波市	91.2
8	石家庄市	90.3
9	大连市	90.1
10	福州市	89.7

五　办理施工许可和获取修建厂房许可便捷程度

图 3－3 展示了民营企业对办理施工许可和获取修建厂房许可便捷程度的主观评价，分值范围为 1～5 分，分值越高表示评价越高。通常，分值为 1～2 分表示评价较低，对办理施工许可和获取修建厂房许可便捷程度不满意；分值为 3 分表示评价一般；分值为 4～5 分表示评价较高，对办理施工许可和获取修建厂房许可便捷程度表示满意。民营企业对办理施工许可和获取修建厂房许可便捷程度评价的平均得分分别为 4.36 分和 4.34 分，评价较高，说明我国民营企业总体上对办理施工许可和获取修建厂房许可便捷程度表示满意。

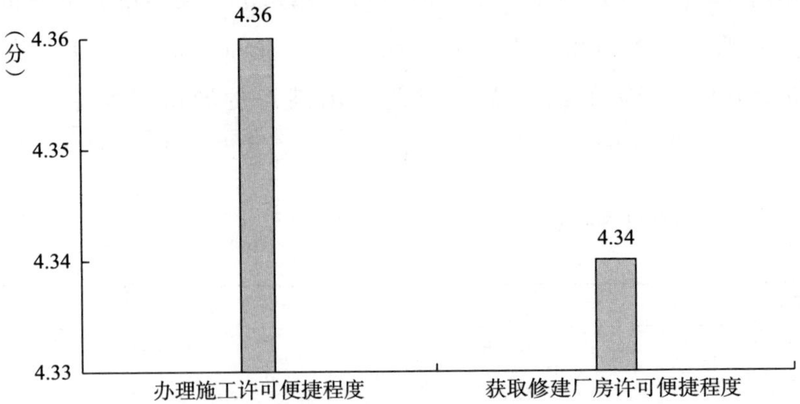

图 3－3　民营企业对办理施工许可和获取修建厂房许可便捷程度的评价

不同城市的民营企业对办理施工许可便捷程度的满意情况不同，由表3－12可知，在参与调查的34个城市中，90%以上的民营企业对当地办理施工许可便捷程度表示满意的城市有9个，分别是广州市、杭州市、南京市、天津市、大连市、武汉市、哈尔滨市、西安市和石家庄市，占比为26.5%。其中，广州市表示满意的民营企业的占比达100%。80%～90%的民营企业对当地办理施工许可便捷程度表示满意的城市有13个，分别是福州市、南宁市、宁波市、合肥市、长春市、上海市、济南市、海口市、昆明市、北京市、郑州市、乌鲁木齐市和贵阳市，占比为38.2%。不足80%的民营企业对办理施工许可便捷程度表示满意的城市有12个，占比为35.3%。

表3－12　不同城市民营企业对当地办理施工许可便捷程度的满意情况（前10名）

单位：%

排名	城市	百分比
1	广州市	100.0
2	杭州市	99.1
3	南京市	99.0
4	天津市	98.8
5	大连市	93.6
6	武汉市	93.5
7	哈尔滨市	93.1
8	西安市	92.4
9	石家庄市	91.0
10	福州市	88.9

从获取修建厂房许可便捷程度的满意情况来看，如表3－13所示，在参与调查的33个城市中，杭州市、南京市、天津市、武汉市、福州市、大连市、哈尔滨市和石家庄市均有90%以上的民营企业对当地获取修建厂房许可便捷程度表示满意，占比为24.2%。其中，杭州市和南京市表现最为突出，表示满意的民营企业占比高达99%以上。80%～90%的民营企业对当地获取修建厂房许可便捷程度表示满意的城市有10个，

分别是西安市、合肥市、宁波市、南宁市、长春市、济南市、海口市、上海市、贵阳市和昆明市，占比为30.3%。不足80%的民营企业对当地获取修建厂房许可便捷程度持满意态度的城市有15个，占比为45.5%。

表3-13 不同城市民营企业对当地获取修建厂房许可便捷程度的满意情况（前10名）

单位：%

排名	城市	百分比
1	杭州市	99.4
2	南京市	99.0
3	天津市	95.2
4	武汉市	93.5
5	福州市	92.9
6	大连市	92.4
7	哈尔滨市	91.2
8	石家庄市	91.0
9	西安市	89.9
10	合肥市	87.6

六 办理用电手续便捷程度

电对于企业的意义好比血液对于人的作用。没有血液，人就无法生存；血液循环不畅，人就无法健康地生活。同样的，如果没有电，企业则无法发展；办理用电手续过于烦琐，会限制企业的发展。本研究请参与调查的民营企业对办理用电手续便捷程度进行主观评分，最低分为1分，最高分为5分。其中，1~2分表示评价较低，对办理用电手续便捷程度不满意；3分表示评价一般；4~5分表示评价较高，对办理用电手续便捷程度表示满意。通过数据分析可知，民营企业对办理用电手续便捷程度的平均评分为4.39分，得分较高，说明我国民营企业总体上对用电手续办理便捷程度持满意态度。

表3-14展示了不同城市的民营企业对当地办理用电手续便捷程度的满意情况。在33个参与调查的城市中，90%以上的民营企业对当地办

理用电手续便捷程度表示满意的城市有 9 个，分别是杭州市、南京市、天津市、武汉市、哈尔滨市、大连市、石家庄市、西安市和福州市，占比为 27.3%；80%~90% 的民营企业对当地用电手续办理便捷程度表示满意的城市有 11 个，分别是宁波市、长春市、南宁市、合肥市、济南市、上海市、海口市、郑州市、昆明市、乌鲁木齐市和长沙市，占比为 33.3%；不足 80% 的民营企业对当地用电手续办理便捷程度持满意态度的城市有 13 个，占比为 39.4%。

表 3-14　不同城市民营企业对当地办理用电手续便捷程度的满意情况（前 10 名）

单位：%

排名	城市	百分比
1	杭州市	99.7
2	南京市	99.0
3	天津市	98.8
4	武汉市	95.3
5	哈尔滨市	92.5
6	大连市	91.9
7	石家庄市	91.8
8	西安市	90.5
9	福州市	90.2
10	宁波市	89.3

七　办理环境影响评价（环评）便捷程度

通过对民营企业主观评价的数据结果进行分析，计算得出我国民营企业对办理环境影响评价（环评）便捷程度的平均评分为 4.32 分。根据评分规则，1~2 分表示评价较低，对办理环境影响评价（环评）便捷程度不满意；3 分表示评价一般；4~5 分表示评价较高，对办理环境影响评价（环评）便捷程度满意。民营企业对办理环境影响评价（环评）便捷程度的平均评分较高，说明民营企业对此表示满意。

表 3-15 展示了不同城市的民营企业对办理环境影响评价（环评）

便捷程度的满意情况。在参与主观测评的 33 个城市中，90% 以上的民营企业对办理环境影响评价（环评）便捷程度表示满意的城市有 8 个，分别是杭州市、南京市、天津市、武汉市、大连市、福州市、西安市和石家庄市，占比为 24.2%。其中，杭州市和南京市有 99% 及以上的民营企业对办理环境影响评价（环评）便捷程度表示满意。80% ~ 90% 的民营企业对办理环境影响评价（环评）便捷程度表示满意的城市有 10 个，分别是哈尔滨市、宁波市、海口市、合肥市、南宁市、济南市、上海市、昆明市、郑州市和贵阳市，占比为 30.3%。不足 80% 的民营企业对当地环境影响评价（环评）便捷程度持满意态度的城市有 15 个，占比为 45.5%。

表 3－15　不同城市民营企业对办理环境影响评价（环评）便捷程度的满意情况（前 10 名）

单位：%

排名	城市	百分比
1	杭州市	99.1
2	南京市	99.0
3	天津市	96.4
4	武汉市	93.5
5	大连市	93.1
6	福州市	93.0
7	西安市	90.5
8	石家庄市	90.3
9	哈尔滨市	89.3
10	宁波市	86.9

八　办理不动产登记交易便捷程度

通过主观评价，民营企业对当前办理不动产登记交易便捷程度的平均评分为 4.40 分。根据评分规则，最高分为 5 分，最低分为 1 分。1 ~ 2 分表示评价较低，对办理不动产登记交易便捷程度不满意；3 分表示评价一般；4～5分表示评价较高，对办理不动产登记交易便捷程度满意。由此可知，我国民营企业对办理不动产登记交易便捷程度的评分较高，说明对相关部门的工作评价较高。

从不同城市的具体情况来看，如表3－16所示，在33个参与测评的城市中，90%以上的民营企业对当地办理不动产登记交易便捷程度表示满意的城市有10个，分别是成都市、杭州市、南京市、天津市、武汉市、大连市、西安市、哈尔滨市、石家庄市和福州市，占比为30.3%。其中，成都市所有参与调查的民营企业对当地办理不动产登记交易的便捷程度均表示满意，杭州市和南京市均有99%以上的民营企业对此表示满意。80%～90%的民营企业对当地办理不动产交易登记便捷程度表示满意的城市有11个，分别是长春市、宁波市、合肥市、南宁市、上海市、海口市、济南市、昆明市、郑州市、北京市和长沙市，占比为33.3%。70%～80%的民营企业对当地办理不动产登记交易便捷程度表示满意的城市有9个，占比为27.3%。不足70%的民营企业对此持满意态度的城市有3个，占比为9.1%。

表3－16 不同城市民营企业对当地办理不动产登记交易便捷程度的满意情况（前10名）

单位：%

排名	城市	百分比
1	成都市	100.0
2	杭州市	99.7
3	南京市	99.3
4	天津市	97.6
5	武汉市	94.4
6	大连市	93.0
7	西安市	91.8
8	哈尔滨市	91.2
9	石家庄市	91.1
10	福州市	90.1

市场是企业成长与发展的土壤，只有肥沃的土壤，才能为企业的落地生根、茁壮成长提供充足的养分。根据上述统计分析，我国市场营商环境总体良好，但依然存在需要完善的地方。

具体来说，在市场监管方面，整体上，参与调查的民营企业平均半年接受一次检查，每次接受检查平均花费的时间（自检查人员上门开始至结束）为 1 天，大部分城市检查花费的时间不超过 3 天，检查所用时间较短，并且大部分民营企业接受检查不需要支付任何费用。从城市的分布情况来看，在参与主观测评的城市中，有 70.6% 的城市均有 80% 以上的民营企业表示一年内接受检查次数不超过 3 次；85.3% 的城市有 95% 以上的民营企业每次接受检查花费时间都不超过 3 天；61.8% 的城市能保证 90% 以上的民营企业接受检查不用花费任何费用。这些数据表明，在政府的努力下，我国总体上实现了高效检查，减少了检查次数，不搞过度检查，真正做到了为企业服务，免费对企业进行监管，在监管方面切切实实做到了帮企业减负。

在企业贷款方面，“融资难、融资贵”一直是困扰我国中小民营企业与政府的难题，许多专业人士深入剖析成因、提出对策，各地政府也运用各种手段、采取多种措施来缓解当地“融资难、融资贵”的问题，但我国各个地区在融资方面依旧存在诸多困境。从总体上看，民营企业对取得抵押贷款的难易程度和取得信用贷款的难易程度两项的平均评分分别为 3.13 分和 3.18 分，评价一般。从具体城市的情况看，在参与调查的 33 个城市中，有 78.8% 的城市只有不到 50% 的民营企业对当地取得抵押贷款的难易程度表示满意；72.7% 的城市对当地取得信用贷款表示满意的民营企业占比不足 50%。这些研究结果表明，当前我国民营企业在贷款的过程中依然存在困难，未能完全满意。

在企业用地和大企业竞争压力方面，民营企业对地价或租金的总体平均评分为 3.96 分，接近 4 分，说明我国民营企业整体上对我国地价和租金方面较为认可。我国民营企业对大企业竞争压力的总体平均评分为 3.98 分，表明在同大企业的竞争中，我国大部分中小民营企业并没有受到压制，但距离完全满意的水平仍存在进步空间。其中，我国东部、南部地区民营企业对大企业竞争压力的满意情况好于西部地区。

在企业运营手续办理方面，总体上看，民营企业对办理营业执照便捷程度、办理企业注销便捷程度、办理施工许可便捷程度、获取修建厂房许可便捷程度、办理用电手续便捷程度、办理环境影响评价（环评）便捷程度和办理不动产登记交易便捷程度的评分分别为 4.55 分、4.41 分、4.36 分、4.34 分、4.39 分、4.32 分和 4.40 分，评价较高。从城市分布情况看，在参与主观测评的城市中，82.4% 的城市均有 80% 以上的民营企业对当地办理营业执照便捷程度表示满意；63.6% 的城市对当地办理企业注销便捷程度表示满意的民营企业占比超过 80%；64.7% 的城市对当地办理施工许可便捷程度表示满意的民营企业占比在 80% 以上；54.5% 的城市对当地获取修建厂房许可便捷程度表示满意的民营企业占比超过 80%；60.6% 的城市有 80% 以上的民营企业对当地办理用电手续便捷程度表示满意；54.5% 的城市有 80% 以上的民营企业对当地办理环境影响评价（环评）便捷程度表示满意；63.6% 的城市有 80% 以上的民营企业对当地办理不动产登记交易便捷程度持满意态度。这些数字从一定程度上说明，我国企业运营手续办理效率较高，赢得了大部分民营企业的好评。

第五节　市场经营环境指标构建及分析

一　指标介绍

市场经营环境是影响企业生产经营活动的外部条件，是制约企业生存和发展的重要因素。本研究将民营企业对市场经营环境的评价分为五个指标，分别是市场监管状况、税负情况、劳动力情况、经济发展水平和资金可及性。

市场监管状况主要指民营企业对当地政府有关部门的各项检查对企

业经营造成影响的主观测评。对市场监管状况的评价包括以下几个方面：监管部门在监督检查、达标评比活动时公开、公正，经营者接受检查次数，接受检查平均花费时间，接受检查花费资金。

税负情况主要指民营企业对企业在当前政策环境和市场经营中所承受负担状况的主观测评。对税负情况的评价包括以下几个方面：对目前企业税负的评价、对地价或租金的评价、对大企业的竞争压力的评价。

劳动力情况主要指劳动力及潜在劳动力在素质、数量、薪资上的基本状况。劳动力情况来源于当地统计年鉴中的相关统计数据，主要包括以下几个方面：全社会研发支出、城镇新增就业人员、普通高校在校生、在岗职工平均工资。

经济发展水平主要指地区经济发展的规模、速度和所达到的水准，它是衡量经济发展状态、潜力的标志。经济发展水平来源于当地统计年鉴中的相关统计数据，主要包括以下几个方面：工业用电量、人均地区生产总值、第三产业比重、水电等基础设施。

资金可及性主要指民营企业对取得贷款难易程度的主观测评。对资金可及性的评价包括以下几个方面：取得抵押贷款的难易程度、取得信用贷款的难易程度、取得贷款手续便捷程度。

根据相关参数对上述各项指标进行计算，得出每个城市在每项指标上的得分，再依据相关规则，对指标进行加权处理，并计算得出每个城市在该项指标上的总得分，即市场经营环境评价得分。

二　市场经营环境分析

本研究对各城市市场经营环境的分析主要依据民营企业的主观评价。根据民营企业对调查问卷题目的评分，结合当地统计年鉴中相关统计数据（全社会研发支出、城镇新增就业人员、普通高校在校生、在岗职工平均工资、工业用电量、人均地区生产总值、第三产业比重以及水电等基础设施），本部分将对总体市场经营环境及其次级指标进行具体分析。

（一）总体市场经营环境分析

根据民营企业对总体市场经营环境的主观测评，计算得出 34 个城市在总体市场经营环境上的得分。如图 3－4 所示，市场经营环境指数得分在 90 分以上的城市有 9 个，分别是北京市、上海市、广州市、深圳市、重庆市、南京市、武汉市、杭州市、天津市，占比为 26%；得分在 80～90 分的城市有 22 个，分别是郑州市、西安市、成都市、济南市、合肥市、宁波市、沈阳市、大连市、长沙市、石家庄市、南昌市、长春市、哈尔滨市、厦门市、南宁市、贵阳市、福州市、昆明市、乌鲁木齐市、太原市、兰州市、西宁市，占比为 65%；还有 3 个城市的得分低于 80 分，占比为 9%。

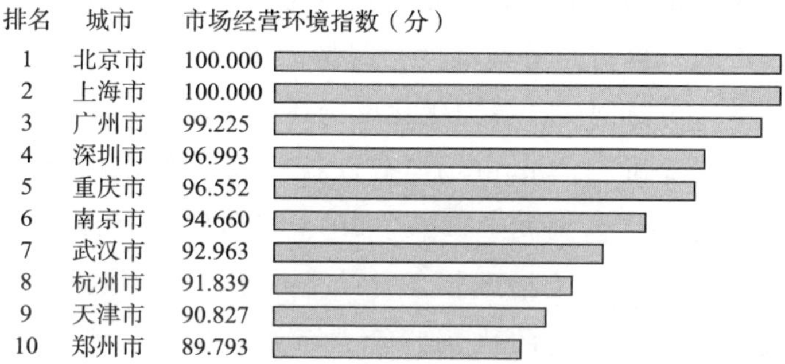

图 3－4　2018 年参评城市市场经营环境指数（前 10 名）

（二）市场监管

根据民营企业对市场监管状况的主观测评，计算得出 34 个城市在市场监管状况上的得分。如图 3－5 所示，市场监管指数得分在 0.9 分以上的城市有 7 个，分别是上海市、深圳市、重庆市、广州市、西安市、合肥市、成都市，占比为 21%；得分在 0.8～0.9 分的城市有 16 个，分别是乌鲁木齐市、西宁市、北京市、济南市、郑州市、厦门市、杭州市、南京市、长沙市、武汉市、沈阳市、天津市、宁波市、长春市、石家庄市、哈尔滨市，占比为 47%；得分在 0.7～0.8 分之间的城市有 10 个，占比为 29%；得分在 0.7 分以下的城市只有 1 个，占比为 3%。

上海市相关主管部门对市场监管的政策创新，使民营企业对当地市场监管状况评价较高。以浦东新区为例，浦东新区市场监管局推出优化

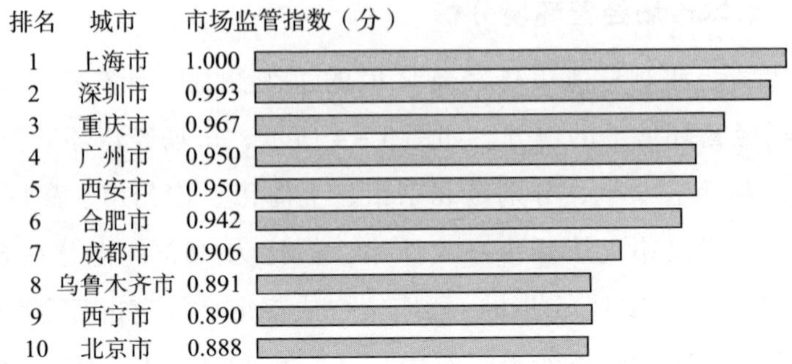

图 3－5 2018 年参评城市市场监管指数（前 10 名）

营商环境“二十条”新举措，从四个方面提升市场监管环境。一是深化简政放权，扩大市场开放度；二是再造登记流程，体现自贸区速度；三是创新治理方式，提高监管精准度；四是优化政务服务，提升企业感受度。多措并举，不断创新，着力优化市场环境并取得了良好的成效①。

深圳市民营企业对本市市场监管状况评价也较高，这得益于深圳市政府出台实施的一系列相关政策。2018 年印发的《深圳市关于加大营商环境改革力度的若干措施》第十九条指出，要建立更加规范的涉企执法制度，在监管部门的执法监管方面要求做到“严格规范涉企行政执法行为，分类制定实施行政裁量权基准制度，规范裁量范围、种类、幅度，并通过门户网站等向社会公开。在涉企执法部门实现‘双随机一公开’监管全覆盖，建立执法行为事中事后监督问责机制。行政执法过程全面配置使用执法记录仪，实现执法环节全程可追溯。坚决依法查处滥用行政权力干涉企业正常经营的行为”②。从事前到事后全方位规范监管部门用权，在市场经营中为民营企业减轻来自政府监管方面的压力。

（三）税负情况

根据民营企业对企业税负情况的主观测评，计算得出 34 个城市在企

① 《浦东再推优化营商环境“二十条”》，人民网，2018 年 1 月 9 日。

② 《深圳市人民政府印发关于加大营商环境改革力度若干措施的通知》，深圳市人民政府门户网站，http://www.sz.gov.cn/zfyb/2018/gb1039/content/post_5000882.html。

业税负情况上的得分。如图 3 - 6 所示，企业税负指数得分在 0. 9 分以上的城市有 13 个，分别是广州市、南京市、杭州市、西安市、大连市、武汉市、哈尔滨市、石家庄市、福州市、贵阳市、宁波市、北京市、天津市，占比为 38%；得分在 0. 8 ~ 0. 9 分的城市有 12 个，分别是长春市、海口市、济南市、厦门市、上海市、南昌市、沈阳市、太原市、郑州市、南宁市、合肥市、乌鲁木齐市，占比为 35%；得分在 0. 7 ~ 0. 8 分的城市有 7 个，占比为 21%；得分在 0. 7 分以下的城市有 2 个，占比为 6%。

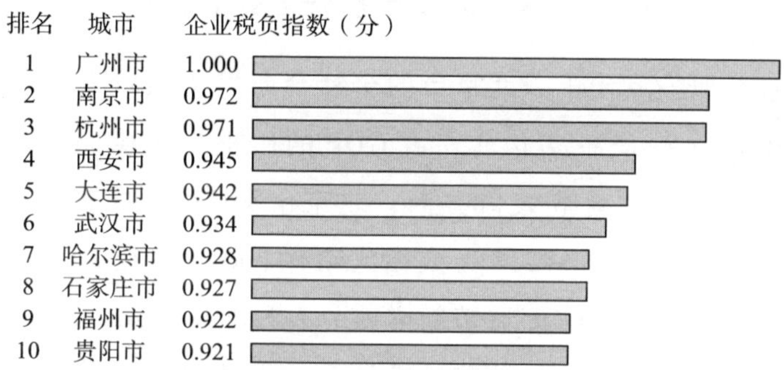

图 3 - 6 2018 年参评城市企业税负指数（前 10 名）

广州民营企业对本市企业税负情况的评价较高，这得益于广州市税务部门在为企业“减负”方面制定的一系列政策措施，这些措施的施行使众多民营企业享受到了优惠。如广州市国税、地税部门为优化营商环境制定了“两个服务，三个降低，三个提高”：服务地方招商引资，服务外向型经济发展；降低企业税收负担，降低办税综合成本；提高依法征税水平，提高办税便利化水平，提高税务行政效能。

（四）劳动力情况

如图 3 - 7 所示，34 个城市的劳动力指数得分在 0. 9 分以上的城市有 5 个，分别是北京市、上海市、重庆市、广州市、深圳市，占比为 15%；得分在 0. 8 ~ 0. 9 分的城市有 18 个，分别是武汉市、成都市、南京市、西安市、济南市、郑州市、杭州市、大连市、合肥市、天津市、长沙市、哈尔滨市、南昌市、沈阳市、昆明市、长春市、兰州市、太原市，占比为 53%；其余 11 个城市得分在 0. 7 ~ 0. 8 分，占比为 32%。

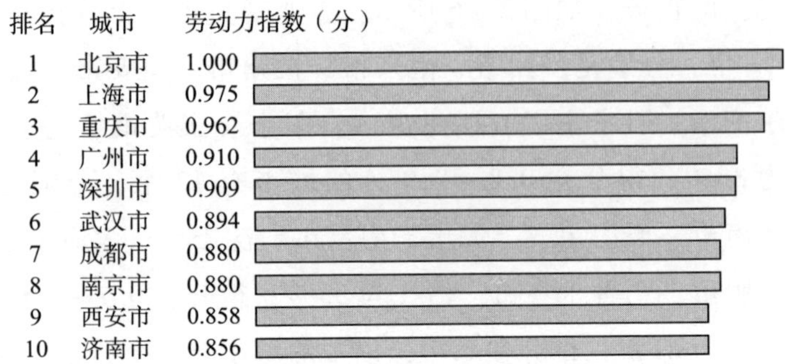

图 3 - 7　2018 年参评城市劳动力指数（前 10 名）

在全社会研发支出上，北京市的全社会研发支出较高。2017 年，北京全社会研发投入 1579.7 亿元，占 GDP 的比重为 5.64%，超过发达国家水平。在城镇新增就业人口方面，北京市 2017 年城镇新增就业人口 42.2 万人，与 2016 年的 42.8 万人相比略有下降。纵观 2013 ~ 2017 年北京市城镇就业情况，五年间城镇新增就业人数保持在 42 万人以上，仅次于上海市，位列全国第二。从普通高校在校生数量看，2017 年北京市普通高校在校生为 58.1 万人，在校研究生为 29.2 万人。从在校生质量看，北京市有 34 所双一流建设高校，其中，世界一流大学建设高校 8 所，世界一流学科建设高校 26 所，高校质量方面同样优势明显。从职工平均工资看，北京市人社局、统计局发布的公告显示，2017 年全市职工平均工资为 101599 元，月平均工资为 8467 元[①]。

（五）经济发展水平

从 34 个城市的经济发展水平指数来看，如图 3 - 8 所示，经济发展水平指数得分在 0.9 分以上的城市有 6 个，分别是上海市、深圳市、北京市、天津市、广州市、重庆市，占比为 18%；得分在 0.8 ~ 0.9 分的城市有 5 个，分别是武汉市、杭州市、南京市、宁波市、成都市，占比为 15%；得分在 0.7 ~ 0.8 分的城市有 18 个，分别为郑州市、沈阳市、南

① 《北京职工 2017 年均工资首超 10 万 月均工资 8467 元》，人民政协网，http://www.rmzxb.com/c/2018 - 05 - 26/2066875.shtml。

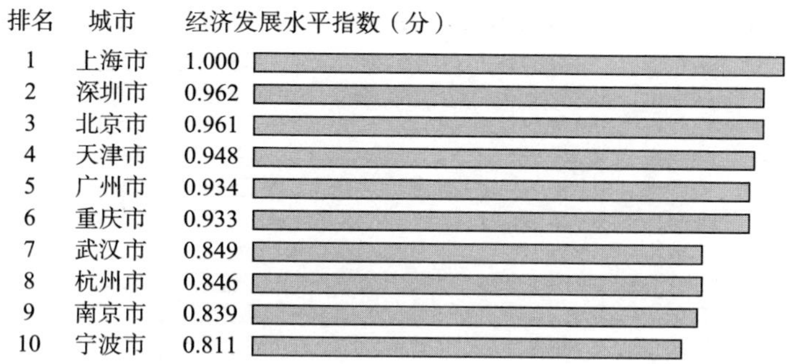

图 3-8　2018 年参评城市经济发展水平指数（前 10 名）

昌市、长沙市、大连市、昆明市、合肥市、长春市、兰州市、石家庄市、南宁市、济南市、乌鲁木齐市、福州市、厦门市、西安市、银川市和西宁市，占比为 53%；仅有 5 个城市得分低于 0.7 分。

笔者在对 34 个城市经济发展水平的评估中发现，上海市在工业用电量、水电等基础设施上具有一定优势。深圳市在人均地区生产总值上排名第一且优势明显，反映出其经济发展水平较高。北京市第三产业发展态势良好，占 GDP 比重超过 80%。

（六）资金可及性

根据民营企业对资金可及性的主观测评，计算得出 34 个城市在资金可及性上的得分。如图 3-9 所示，资金可及性指数得分在 0.9 分以上的城市有 11 个，分别是南京市、深圳市、广州市、北京市、长沙市、上海市、宁波市、石家庄市、合肥市、济南市、郑州市，占比为 32%；得分在 0.8～0.9 分的城市有 17 个，分别是武汉市、贵阳市、太原市、沈阳市、杭州市、南昌市、重庆市、成都市、南宁市、长春市、西安市、哈尔滨市、大连市、兰州市、西宁市、昆明市、厦门市，占比为 50%；其余 6 个城市得分均在 0.7～0.8 分，占比为 18%。

南京市民营企业对本市资金可及性的评价较高。南京市委、市政府于 2018 年出台《南京市优化营商环境 100 条》，制定了一系列政策措施，包括降低贷款门槛与成本、完善金融信用服务、通过大数据贸易融资平台获得融资、通过保险征信获得银行贷款、申请互助基金节省转贷成本、

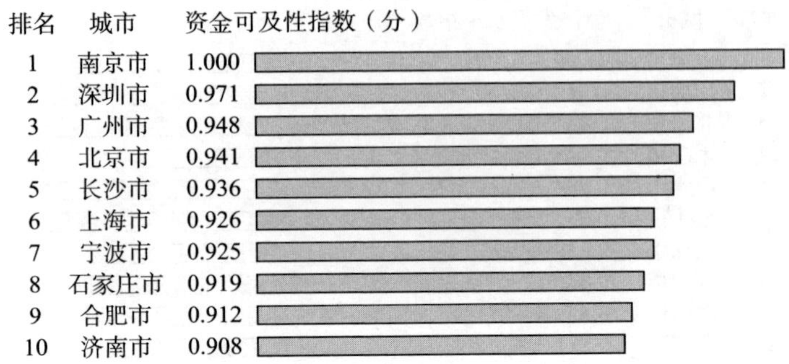

图 3－9　2018 年参评城市资金可及性指数（前 10 名）

符合条件的担保机构可获风险补助和代偿分担。值得一提的是通过大数据贸易融资平台获得融资的措施。有融资需求的中小外贸企业登录天商助贸大数据贸易融资平台并在平台上注册登录，授权平台使用企业的相关数据信息，即可向平台上入驻的合作银行申请授信和融资。该平台汇集了企业备案登记、进出口、出口退税、出口信保等数据信息，以及银行提供的贸易融资产品（保单融资、出口退税账户质押融资、应收账款融资和纯信用融资产品），减少银行和企业间信息不对称，打造银企间贸易融资的线上交易市场，缓解了中小外贸企业融资难、融资贵的状况。

第四章
社会环境：基本情况及指标分析

第一节　全国社会环境文献综述

打造一流的营商环境是一个系统工程，只有各种因素同时改善，才能构成有竞争力的营商环境。但是，完善这些因素的难易程度各不相同，制度、政策相关的环境可以在短期内建设，而社会环境的建设需要较长的周期。在这种情况下，社会环境往往成为制约营商环境完善的“瓶颈”，社会环境也就成为营商环境的关键一环。只有在社会环境打造中取得成功，才能在营商环境的长期竞争中取得优势地位。有学者研究指出，当前，我国营商环境中的行政服务、法规制度、市场环境等因素的地域差距正在快速缩小，先进地区继续挖掘提升这些因素的空间当然是有意义的，但是每提高一步所带来的收益并不能抵消社会环境短板造成的负面影响，因为它们之间是不可相互替代的关系。换言之，社会环境短板决定着营商环境所能达到的程度。只有加快补齐短板，才能有整体提升。从营商环境竞争来看，各种建设周期短、相对容易改善的环境要素在初期可以构筑优势，但是经过一段时间的建设以后，这些要素都达到了营商环境的要求，竞争的关键自然而然转移到建设周期长、难度高的社会环境上。只有立足于强基固本，坚持循序渐进，久久为功，在社会环境建设上取得突破，才能构建起营商环境的明显竞争优势。[①]

近几年，我国各个地区都在加强建设优质的社会环境。天津经济技术开发区是加强公共服务、塑造社会环境实践的典型，提出了“三通一平”，即给水、供电、道路要通，投资建厂的土地要平整；不久后又增加为“六通一平”，增加了排水、通信和燃气要通；后来又增加到“九通一平”，增加了供暖、卫星图像传输和计算机互联网络要通。在软环境方面，明确政府职能，以企业为核心规范管理行为；树立知商、亲商、安商的价值取向，为投资者提供方便；实行“一站式、一条龙”项目审批管理制度，提高办事效率，降低综合交易成本；构建完备的法律体系，依法治区；等等。这些举措大大促进了投资水平提升和开发区发展。然而，随着开发区优惠政策逐渐与其他区域拉平，政策优势不复存在，开发区营商环境竞争力出现相对弱化趋势，城区的综合环境魅力凸显。出现这种变化和差距的根本原因在于开发区只是一个工业功能区，没有企业赖以长期发展的社会环境。由于程序和制度相对容易调整和优化，各开发区相互学习，很快就会达到同等水平。在这种情况下，真正起决定作用的是能否打造出拥有优势的社会环境。后来，开发区意识到这个问题，开始重视城市化进程，收到了明显效果。建设职工住宅，用优惠政策吸引员工入住，降低职工的交通成本，增强工作稳定性和从业归属感；建设高质量且丰富多样的文化娱乐设施提供给外商使用，满足他们的休闲娱乐需要；建设高水平的国际学校和普通学校，解决外商和国内职工子女的教育问题，维持外商和员工的稳定；为了就业培训，也为了给职工充实教育资源，建设从幼儿园、小学、中学、职业中专到大学乃至成人教育的全套文教系统。虽然这个建设需要漫长的过程，短期内看不到效果，但是不去补齐社会环境的短板，开发区势必空洞化。

除了社会公共服务外，信用水平也是衡量一个地区社会环境的重要指标，我国不同省市为了营造城市守信的社会环境，多措并举努力提高

---

① 王光荣：《营商环境提升：补齐社会环境短板》，《重庆社会科学》2019 年第 2 期，第 26 ~ 30 页。

当地社会信用水平。例如，贵州省于2018年建成了贵州“信用云”，运用云计算、大数据、区块链、人工智能等新技术，统筹信用数据资源和服务资源，搭建起覆盖全省9个市（州）和贵安新区的全国信用信息共享平台。目前，贵州“信用云”已建成企业法人、社会组织、机关事业单位和自然人四大信用主体基础库，并与国家信用信息共享平台进行数据对接，实现信用信息征集覆盖省、市、县、乡四级98%以上的公共管理部门，数据交换渠道覆盖率在99%以上。[①] 贵州省安顺市于2019年3月15日组织市场监管、发改委等相关部门，开展了主题为“信用让消费更放心”的宣传活动，根据辖区实际情况，在装饰装修、餐饮、汽车销售和维修、通信等重点服务行业，以案说法，针对行业存在或可能存在的侵害消费者合法权益的行为，集中约谈企业经营者和市场开办方，引导经营者依法经营、诚信经营，自觉进行信用承诺，自觉履行社会责任，积极推进行业诚信自律。安顺市把诚信教育作为培育和弘扬社会主义核心价值观的重要内容，除通过开展系列诚信实践活动加大诚信建设相关政策法规宣传力度以外，还按照“诚信贵州”建设诚信“红黑榜”制度要求，通过大数据采集、动态数据抓取、诚信评价与分析，将全市大中小企业日常经营、日常行为等数据同步录入安顺市诚信建设管理系统，并通过对企业诚信度进行评定、审核，将诚信度高的企业纳入“红榜”名单，反之则纳入“黑榜”名单，采取褒奖诚信、惩戒失信的方式，营造诚实守信的社会环境。建立“红黑榜”制度，让奖惩分明。2019年授牌的159家第二届“贵州省诚信示范企业”将享受到来自35个部门提供的包括税收、工商、企业融资等80项联合激励政策。目前，贵州省信用信息共享平台累计录入“红黑榜单”的企业近500家。贵州还通过制定“红、黑名单”管理办法，定期发布各类红、黑名单，仅2018年就向国家上报200多个守信联合激励和失信联合惩罚案例。[②] 在这些努力下，当地公民、相关企业的信用水平不断提升，社会整体信用水平也不断提高。

---

① 孙蕙：《营造诚实守信社会环境》，《当代贵州》2019年第18期，第60~61页。

② 孙蕙：《营造诚实守信社会环境》，《当代贵州》2019年第18期，第60~61页。

然而，在我国有些地区社会环境依然不容乐观，杜琼的研究结果显示，云南省参与调查的大部分民营企业（71.2%）认为社会诚信问题对当前自身的发展影响较大，60.29%的民营企业社会认同感较低，同时，当地还存在行业协会和商会未发挥应有的作用及社会中介服务组织服务差、收费贵等问题。①

从上述案例可以看出，我国社会环境既取得了进步，也存在着不足。没有社会环境基础，企业投资发展与营商活动会受到越来越多的限制。虽然其他方面的因素可能带来短期的繁荣，但是无法维持营商环境的可持续发展。因此企业若要做到长期稳定地经营，打造优质的社会环境是最基本的保障。

在本章中，社会环境包括公共服务环境、第三方服务机构服务质量、社会信用环境三个主要方面。其中，公共服务环境聚焦医疗服务与社会保障、义务教育和人才培养、休闲文化娱乐设施、生活与交通便利程度；第三方服务机构服务质量聚焦行业协会和商会提供的服务、律师事务所提供的服务、会计师与审计师事务所提供的服务以及税务师事务所提供的服务；社会信用环境聚焦公民的诚信水平、关联企业的信用水平、社会组织和第三方服务机构的信用水平以及社会整体信用水平。本章将从上述这些方面来分析我国的社会环境现状。

第二节　公共服务环境

随着营商环境认识深化和实践发展，社会环境因素在营商环境中的地位及重要性日益凸显。良好的社会环境是提升营商环境吸引力的关键所在。公共服务环境作为社会环境的重要组成部分，主要涉及医疗服务与社会保障、义务教育和人才培养、休闲文化娱乐设施、生活与交通便利程度几个方面。本节将从上述几个方面来分析公共服务环境的现状。

---

① 杜琼：《云南民营企业生存与发展环境问题研究》，《中共云南省委党校学报》2018 年第 6 期，第 133 页。

一　社会公共服务总体情况

民营企业对社会公共服务总体评价的平均得分为4.46分，其中最高分为5分，最低分为1分，这表明民营企业对我国社会公共服务总体评价较高。

不同城市的民营企业对总体社会公共服务的满意情况不同。如表4－1所示，在参与调查的34个城市中，90%以上的民营企业对当地总体社会公共服务表示满意的城市有15个，占比为44.1%。其中，广州市表示满意的民营企业比例达100%。80%～90%的民营企业对当地总体社会公共服务表示满意的城市有12个，分别是济南市、长春市、郑州市、北京市、海口市、贵阳市、厦门市、南昌市、成都市、合肥市、乌鲁木齐市和银川市，占比为35.3%。有7个城市不足80%的民营企业对此持满意态度，占比为20.6%。

表4－1　不同城市民营企业对当地总体社会公共服务的满意情况（前10名）

单位：%

排名	城市	百分比
1	广州市	100.0
2	南京市	99.5
3	杭州市	97.8
4	福州市	96.7
5	武汉市	96.2
6	哈尔滨市	95.8
7	天津市	94.6
8	西安市	94.3
9	石家庄市	93.8
10	南宁市	91.6

二　医疗服务与社会保障

图4－1展现了民营企业对医疗服务与社会保障的评价。满分5分，分值越高表示评价越高。其中，1～2分表示评价较低，对医疗服务与社

会保障不太满意；分值为 3 分表示评价一般；分值为 4～5 分表示评价较高，对医疗服务与社会保障持满意态度。我国民营企业对医疗服务与社会保障评价的平均得分分别为 4.31 分和 4.49 分，表明我国民营企业对这两项的评价较高，总体上表示满意。

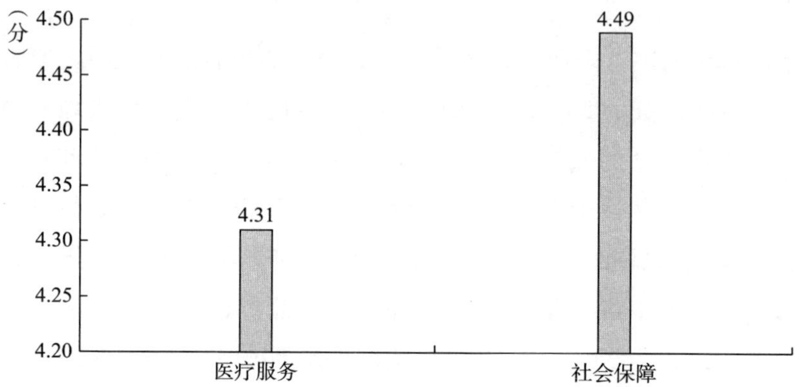

图 4－1　民营企业对医疗服务与社会保障的评价

从不同城市的民营企业对医疗服务的满意情况来看，如表 4－2 所示，在参与调查的 34 个城市中，对当地医疗服务表示满意的民营企业占比在 80%以上的城市有 23 个，分别是广州市、南京市、杭州市、石家庄市、武汉市、福州市、哈尔滨市、南宁市、天津市、宁波市、成都市、西安市、贵阳市、上海市、深圳市、郑州市、大连市、长春市、北京市、厦门市、太原市、银川市和济南市，占比为 67.6%。其中，广州市和南京市分别有 100%和 99.1%的民营企业满意当地的医疗服务。不足 70%的民营企业持满意态度的城市有 6 个，占比为 17.6%。

表 4－2　不同城市民营企业对医疗服务的满意情况（前 10 名）

单位：%

排名	城市	百分比
1	广州市	100.0
2	南京市	99.1
3	杭州市	95.8
4	石家庄市	92.5

续表

排名	城市	百分比
5	武汉市	91.1
6	福州市	91.0
7	哈尔滨市	89.3
8	南宁市	89.3
9	天津市	87.0
10	宁波市	86.7

从不同城市民营企业对社会保障的满意情况来看，在参与调查的34个城市中，有28个城市对当地社会保障表示满意的民营企业占比在80%以上，分别是广州市、南京市、杭州市、武汉市、南宁市、西安市、哈尔滨市、福州市、石家庄市、大连市、贵阳市、天津市、长春市、海口市、上海市、宁波市、北京市、乌鲁木齐市、深圳市、郑州市、太原市、厦门市、济南市、合肥市、南昌市、银川市、成都市和西宁市。其中，广州市、南京市和杭州市均在98%及以上。此外，和医疗服务满意情况不同，不足70%的民营企业对社会保障持满意态度的城市仅有1个，说明我国社会保障评价总体良好，大部分参与调查城市的民营企业对该项总体上比较满意（具体情况见表4－3）。

表4－3　不同城市民营企业对社会保障的满意情况（前10名）

单位：%

排名	城市	百分比
1	广州市	100.0
2	南京市	99.5
3	杭州市	98.0
4	武汉市	96.4
5	南宁市	95.0
6	西安市	94.6
7	哈尔滨市	94.6
8	福州市	94.3
9	石家庄市	94.1
10	大连市	93.3

三　义务教育和人才培养

人才是企业发展的核心要素，也是企业持续发展的动力。只有不断培养人才，企业才能广纳贤才，进一步优化人员素质结构，在日趋激烈的竞争环境中增强自身的实力与竞争力。因此，义务教育和人才培养作为公共服务的组成部分，是企业选择在某地“落地生根”的关键因素。由图4－2可知，在满分为5分的主观评价中，民营企业对义务教育和人才培养评价的平均得分分别是4.47分和4.43分[①]，分值较高，表明民营企业对义务教育和人才培养的评价较高，我国在义务教育和人才培养方面的工作赢得了大部分民营企业的认可。

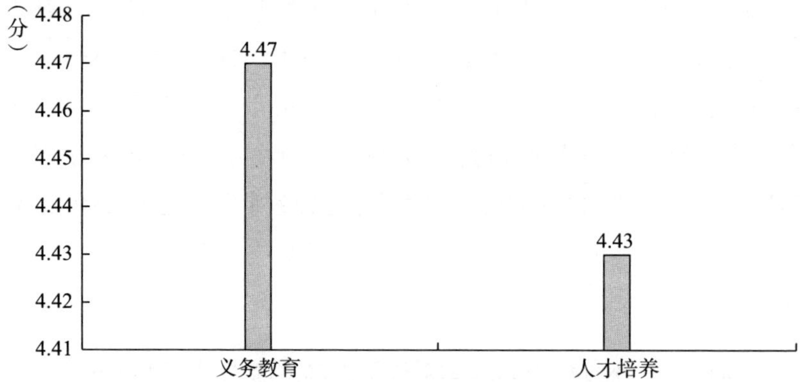

图4－2　民营企业对义务教育和人才培养的评价

表4－4、表4－5分别展示了不同城市的民营企业对义务教育和人才培养的满意情况。

从义务教育方面来说，在参与调查的34个城市中，90%以上的民营企业对义务教育表示满意的城市有10个，分别是广州市、南京市、杭州市、福州市、武汉市、哈尔滨市、石家庄市、南宁市、成都市和天津市，占比为29.4%；80%~90%的民营企业对义务教育表示满意的城市有17

① 分值为1~2分为表示不太满意，评价较低；分值为3分表示评价一般；分值为4~5分表示满意，评价较高。

个，分别是贵阳市、大连市、合肥市、济南市、宁波市、上海市、乌鲁木齐市、北京市、郑州市、太原市、南昌市、海口市、长春市、厦门市、深圳市、银川市和西宁市，占比为50%；80%以下的民营企业对义务教育持满意态度的城市有7个，占比为20.6%。

表4-4　不同城市民营企业对义务教育的满意情况（前10名）

单位：%

排名	城市	百分比
1	广州市	100.0
2	南京市	99.1
3	杭州市	98.0
4	福州市	96.7
5	武汉市	96.4
6	哈尔滨市	94.3
7	石家庄市	93.8
8	南宁市	93.3
9	成都市	92.9
10	天津市	92.4

从人才培养方面来看，与义务教育的满意情况类似，在参与调查的34个城市中，90%以上的民营企业对义务教育表示满意的城市有10个，分别是广州市、南京市、杭州市、武汉市、天津市、西安市、哈尔滨市、南宁市、石家庄市和福州市，占比为29.4%；80%~90%的民营企业对义务教育表示满意的城市有16个，分别是成都市、上海市、郑州市、长春市、北京市、大连市、济南市、宁波市、深圳市、太原市、厦门市、海口市、银川市、贵阳市、合肥市和南昌市，占比为47.1%；70%~80%的民营企业对义务教育持满意态度的城市有4个，占比为11.8%；持满意态度的企业不足70%的城市有4个，占比为11.8%。

表4-5　不同城市民营企业对人才培养的满意情况（前10名）

单位：%

排名	城市	百分比
1	广州市	100.0
2	南京市	99.1
3	杭州市	98.0
4	武汉市	96.9
5	天津市	95.7
6	西安市	93.4
7	哈尔滨市	92.7
8	南宁市	92.3
9	石家庄市	92.2
10	福州市	91.9

四　休闲文化娱乐设施

休闲文化娱乐设施作为公共服务的组成部分，是打造优质社会环境和营商环境的重要一环。在满分为5分的主观评价中，民营企业对休闲文化娱乐设施评价的平均得分为4.40分，分值较高，表明当前我国民营企业对休闲文化娱乐设施的评价整体较高。

表4-6展现了不同城市的民营企业对休闲文化娱乐设施满意情况的差异。在参与调查的34个城市中，90%以上的民营企业对当地休闲文化娱乐设施持满意态度的城市有9个，分别为广州市、南京市、杭州市、武汉市、石家庄市、福州市、哈尔滨市、西安市和南宁市，占比为26.5%；80%~90%的民营企业表示满意的城市有15个，分别为深圳市、天津市、上海市、太原市、长春市、宁波市、大连市、厦门市、北京市、济南市、郑州市、贵阳市、南昌市、合肥市和海口市，占比为44.1%；60%~80%的民营企业表示满意的城市有8个，占比为23.5%；表示满意的民营企业比例不足60%的城市只有2个。

表 4－6　不同城市民营企业对休闲文化娱乐设施的满意情况（前 10 名）

单位：%

排名	城市	百分比
1	广州市	100.0
2	南京市	99.3
3	杭州市	97.1
4	武汉市	94.9
5	石家庄市	94.1
6	福州市	93.8
7	哈尔滨市	92.3
8	西安市	92.1
9	南宁市	90.3
10	深圳市	89.3

五　生活与交通便利程度

便捷的生活与交通是企业发展的基本条件，也是衡量社会环境的重要指标之一。对生活与交通便利程度的考察与评价，通过民营企业主观评分的方式进行，分值为 1～5 分，分值越高表示评价越高。其中，1～2 分表示评价较低，对生活与交通便利程度不太满意；分值为 3 分表示评价一般；分值为 4～5 分表示评价较高，对生活与交通便利程度持满意态度。如图 4－3 所示，民营企业对生活便利程度和交通便利程度评价的平

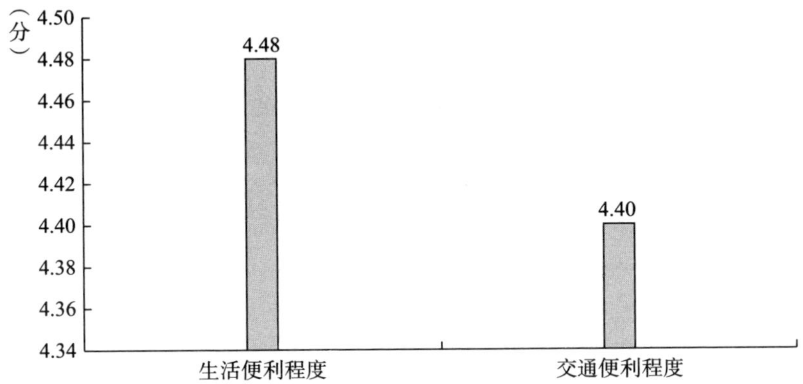

图 4－3　民营企业对生活便利和交通便利程度的评价

均得分分别是 4.48 分和 4.40 分，分值较高，表明我国生活便利程度与交通便利程度总体上得到了民营企业的认可。

如表 4－7 所示，根据不同城市的民营企业对生活便利程度的主观测评可知，90% 以上的民营企业对生活便利程度表示满意的城市有 16 个，分别是广州市、南京市、杭州市、武汉市、西安市、福州市、哈尔滨市、石家庄市、宁波市、天津市、上海市、南宁市、深圳市、贵阳市、太原市、大连市，占比为 47.1%；80%～90% 的民营企业对生活便利程度表示满意的城市有 11 个，分别是长春市、郑州市、济南市、海口市、厦门市、北京市、南昌市、合肥市、乌鲁木齐市、银川市、西宁市，占比为 32.4%；70%～80% 的民营企业对生活便利程度表示满意的城市有 5 个，占比为 14.7%；不足 70% 的民营企业对生活便利程度持满意态度的城市只有 2 个。

表 4－7　不同城市民营企业对生活便利程度的满意情况（前 10 名）

单位：%

排名	城市	百分比
1	广州市	100.0
2	南京市	99.3
3	杭州市	97.3
4	武汉市	96.7
5	西安市	95.3
6	福州市	95.3
7	哈尔滨市	94.6
8	石家庄市	94.3
9	宁波市	92.6
10	天津市	92.4

和上述结果类似，如表 4－8 所示，在对交通便利程度进行评测的城市中，90% 以上的民营企业对当地交通便利程度表示满意的城市有 12 个，分别是广州市、南京市、杭州市、武汉市、哈尔滨市、石家庄市、

福州市、宁波市、南宁市、西安市、大连市和天津市。其中，广州市和南京市表示满意的民营企业占比均在99%以上。80%～90%的民营企业对当地交通便利程度表示满意的城市有14个，分别是郑州市、济南市、长春市、北京市、厦门市、乌鲁木齐市、合肥市、南昌市、银川市、贵阳市、上海市、深圳市、太原市和海口市。70%～80%的民营企业对当地交通便利程度持满意态度的城市有5个。此外，还有3个城市对交通便利程度表示满意的民营企业比例不足70%。

表4－8　不同城市民营企业对交通便利程度的满意情况（前10名）

单位：%

排名	城市	百分比
1	广州市	100.0
2	南京市	99.5
3	杭州市	97.3
4	武汉市	96.2
5	哈尔滨市	94.3
6	石家庄市	93.8
7	福州市	92.9
8	宁波市	91.5
9	南宁市	91.3
10	西安市	91.2

第三节　第三方服务机构服务质量

在本研究中，第三方服务机构包括行业协会和商会、律师事务所、会计师与审计师事务所、税务师事务所等。第三方服务机构在民营企业发展的过程中起着举足轻重的作用，许多小型和微型企业将自己的法律事务或会计事务等外包给第三方服务机构，因此第三方服务机构提供服务的质量也成为企业考察城市营商环境的重要因素。

一　行业协会和商会提供的服务

参与调查的民营企业对行业协会和商会提供的服务评价的平均得分为4.29分。根据评分规则，1~2分表示评价较低，对行业协会和商会提供的服务不太满意；分值为3分表示评价一般；分值为4~5分表示评价较高，对行业协会和商会提供的服务持满意态度。由此看来，我国民营企业总体上对行业协会和商会提供的服务评分较高，表示满意。

从具体城市来看，如表4-9所示，在参与调查的34个城市中，广州市、南京市、杭州市和哈尔滨市4个城市90%以上的民营企业对当地行业协会和商会提供的服务表示满意，占比为11.8%。其中，广州市所有参与测评的民营企业均表示满意。80%~90%的民营企业对当地行业协会和商会提供的服务表示满意的城市有15个，分别是武汉市、石家庄市、西安市、长春市、大连市、福州市、深圳市、宁波市、天津市、上海市、南宁市、太原市、海口市、郑州市和南昌市，占比为44.1%。70%~80%的民营企业对当地行业协会、商会提供的服务表示满意的城市有7个，占比为20.6%。70%以下的民营企业对此项服务持满意态度的城市有8个，占比为23.5%。

表4-9　不同城市民营企业对行业协会和商会提供服务的满意情况（前10名）

单位：%

排名	城市	百分比
1	广州市	100.0
2	南京市	98.4
3	杭州市	96.0
4	哈尔滨市	94.6
5	武汉市	89.8
6	石家庄市	88.1
7	西安市	87.7
8	长春市	87.5
9	大连市	87.1
10	福州市	86.7

二　律师事务所提供的服务

对律师事务所提供服务的评价，由民营企业主观打分，最低分为 1 分，最高分为 5 分，分值越高表示评价越高。其中，1～2 分表示评价较低，对律师事务所提供的服务不太满意；分值为 3 分表示评价一般；分值为4～5 分表示评价较高，对律师事务所提供的服务持满意态度。通过数据分析可知，民营企业对律师事务所提供服务评价的平均得分为 4.22 分，表明整体上民营企业认可律师事务所提供的服务。

由表 4－10 可知，不同城市的民营企业对当地律师事务所提供的服务的满意情况存在差异。在 34 个参与调查的城市中，90%以上的民营企业对律师事务所提供的服务表示满意的城市有 4 个，分别是广州市、南京市、杭州市和哈尔滨市，占比为 11.8%；80%～90%的民营企业对律师事务所提供的服务表示满意的城市有 11 个，分别是福州市、武汉市、西安市、长春市、石家庄市、大连市、南宁市、宁波市、天津市、上海市和深圳市，占比为 32.4%；60%～80%的民营企业对律师事务所提供的服务表示满意的城市有 15 个，占比为 44.1%；此外，还有 4 个城市不足 60%的民营企业对律师事务所提供的服务持满意态度，占比为 11.8%。

表 4－10　不同城市民营企业对律师事务所服务的满意情况（前 10 名）

单位：%

排名	城市	百分比
1	广州市	100.0
2	南京市	98.8
3	杭州市	94.9
4	哈尔滨市	90.8
5	福州市	89.6
6	武汉市	87.3
7	西安市	87.1
8	长春市	87.0
9	石家庄市	85.5
10	大连市	84.7

三　会计师与审计师事务所提供的服务

对会计师与审计师事务所提供服务的评价，同样采用民营企业主观打分的方式进行，最低分为 1 分，最高分为 5 分，分值越高表示评价越高。其中，1 ~2 分表示评价较低，对会计师与审计师事务所提供的服务不太满意；分值为 3 分表示评价一般；分值为 4 ~5 分表示评价较高，对会计师与审计师事务所提供的服务持满意态度。通过数据分析可知，民营企业对会计师与审计师事务所提供的服务评价的平均得分为 4.28 分，分值较高，反映出整体上民营企业对会计师与审计师事务所提供的服务表示满意。

不同城市民营企业对当地会计师与审计师事务所提供的服务的满意情况见表 4 –11。在 34 个参与调查的城市中，90% 以上的民营企业对会计师与审计师事务所提供的服务表示满意的城市有 4 个，分别是广州市、南京市、杭州市和哈尔滨市，占比为 11.8% 。其中，广州市 100% 的民营企业满意当地会计师与审计师事务所提供的服务。80% ~90% 的民营企业对会计师与审计师事务所提供的服务表示满意的城市有 17 个，分别是西安市、石家庄市、武汉市、福州市、宁波市、长春市、南宁市、大连市、上海市、天津市、太原市、郑州市、海口市、合肥市、南昌市、深圳市和济南市，占比为 50% 。60% ~80% 的民营企业对会计师与审计师事务所提供的服务表示满意的城市有 9 个，占比为 26.5% 。此外，还有 4 个城市不足 60% 的民营企业对会计师与审计师事务所的服务持满意态度，占比为 11.8% 。

表 4 –11　不同城市民营企业对会计师与审计师事务所服务的满意情况（前 10 名）

单位：%

排名	城市	百分比
1	广州市	100.0
2	南京市	99.1
3	杭州市	96.2
4	哈尔滨市	92.7
5	西安市	89.9
6	石家庄市	88.9

续表

排名	城市	百分比
7	武汉市	88.3
8	福州市	88.2
9	宁波市	87.5
10	长春市	86.3

四 税务师事务所提供的服务

通过数据分析，民营企业对税务师事务所提供服务评价的平均得分为4.35分。其中，1～2分表示评价较低，对税务师事务所提供的服务不太满意；分值为3分表示评价一般；分值为4～5分表示评价较高，对税务师事务所提供的服务持满意态度。由此可见，我国民营企业对税务师事务所提供的服务评分较高，民营企业总体上对该服务表示满意。

如表4－12所示，在34个参与调查的城市中，广州市、南京市、杭州市、福州市、哈尔滨市、武汉市和石家庄市7个城市90%以上的民营企业对当地税务师事务所提供的服务表示满意，占比为20.6%；80%～90%的民营企业对当地税务师事务所提供的服务表示满意的城市有15个，分别是西安市、宁波市、南宁市、天津市、大连市、长春市、上海市、成都市、郑州市、太原市、深圳市、北京市、济南市、南昌市和银川市，占比为44.1%；60%～80%的民营企业对税务师事务所提供的服务表示满意的城市有10个，占比为29.4%。

表4－12 不同城市民营企业对税务师事务所服务的满意情况（前10名）

单位：%

排名	城市	百分比
1	广州市	100.0
2	南京市	99.3
3	杭州市	96.7
4	福州市	92.4
5	哈尔滨市	91.6

续表

排名	城市	百分比
6	武汉市	91.1
7	石家庄市	90.7
8	西安市	89.6
9	宁波市	88.6
10	南宁市	88.3

第四节　社会信用环境

营商环境评价的核心和基础是社会信用体系建设。现代市场经济的本质是信用经济。市场主体守信履约且相互信任，形成良好的信用链条，是维系错综复杂的市场交换关系和正常有序的市场秩序的必要条件，也是形成良好营商环境的基础条件。近年来，我国社会信用体系建设取得突破性进展，有关方面合力推进社会信用体系建设，在支撑“放管服”改革、促进金融服务实体经济、维护市场秩序、优化营商环境、提升社会诚信意识等方面发挥了积极而重要的作用。

本研究从公民的诚信水平、关联企业的信用水平、社会组织和第三方服务机构的信用水平及社会整体信用水平四个方面来把握社会信用环境。

一　公民的诚信水平

通过民营企业主观评测，民营企业对我国公民诚信水平评价的平均得分为4.34分。根据评分规则，得分为1～2分表示评价较低，对我国公民诚信水平不太满意；3分表示评价一般；4～5分表示评价较高，对我国公民诚信水平持满意态度。由此可见，当前我国公民的诚信水平获得了大部分民营企业的认可。

表4－13反映了不同城市的民营企业对公民诚信水平的满意情况。在34个参与调查的城市中，90%以上的民营企业对当地公民的诚信水平

表示满意的城市有 7 个，分别是广州市、南京市、杭州市、武汉市、哈尔滨市、石家庄市和长春市，占比为 20.6%；80%～90% 的民营企业对当地公民的诚信水平表示满意的城市有 17 个，占比为 50%；70%～80% 的民营企业对当地公民的诚信水平表示满意的城市有 6 个，占比为 17.6%；70% 以下的民营企业对此持满意态度的城市有 4 个，占比为 11.8%。

表 4－13　不同城市民营企业对公民诚信水平的满意情况（前 10 名）

单位：%

排名	城市	百分比
1	广州市	100.0
2	南京市	98.4
3	杭州市	96.7
4	武汉市	92.6
5	哈尔滨市	92.3
6	石家庄市	90.7
7	长春市	90.3
8	南宁市	89.9
9	成都市	89.3
10	西安市	88.6

二　关联企业的信用水平

调查显示，民营企业对关联企业信用水平评价的平均得分为 4.33 分。根据评分规则，1～2 分表示评价较低，对关联企业的信用水平不太满意；分值为 3 分表示评价一般；分值为 4～5 分表示评价较高，对关联企业的信用水平持满意态度。由此可见，民营企业对关联企业的信用水平评分较高，总体上对此表示满意。

如表 4－14 所示，在参与调查的城市中，80% 以上的民营企业对关联企业信用水平表示满意的城市有 20 个，说明大部分城市社会信用体系建设较为完善，信用环境较好，这些城市分别是广州市、南京市、杭州市、哈尔滨市、武汉市、西安市、石家庄市、长春市、福州市、宁波市、南宁市、大连市、上海市、深圳市、济南市、海口市、郑州市、北京市、太原市和南昌市，占比为58.8%；此外，还有11.8%的城市对关联企业信用水平表示满意的民营企业比例不足70%。

表4-14　不同城市民营企业对关联企业信用水平的满意情况（前10名）

单位：%

排名	城市	百分比
1	广州市	100.0
2	南京市	98.8
3	杭州市	96.7
4	哈尔滨市	93.1
5	武汉市	91.6
6	西安市	91.5
7	石家庄市	91.2
8	长春市	90.3
9	福州市	89.6
10	宁波市	88.3

三　社会组织和第三方服务机构的信用水平

对社会组织和第三方服务机构信用水平的评价通过民营企业主观打分的形式进行，最低分为1分，最高分为5分，分值越高表示评价越高。其中，1~2分表示不太满意；分值为3分表示评价一般；分值为4~5分表示满意。通过数据分析，民营企业对社会组织和第三方服务机构信用水平评价的平均得分为4.35分，分值较高，表明整体上民营企业对社会组织和第三方服务机构的信用水平表示满意。

从具体城市的情况来看，如表4-15所示，在参与测评的34个城市中，90%以上的民营企业对当地社会组织和第三方服务机构信用水平表示满意的城市有10个，分别是广州市、南京市、杭州市、哈尔滨市、成都市、大连市、西安市、石家庄市、福州市和武汉市，占比为29.4%。其中，广州市100%的民营企业对当地社会组织和第三方服务机构的信用水平表示满意。80%～90%的民营企业对当地社会组织和第三方服务机构的信用水平持满意态度的城市有14个，分别是长春市、上海市、宁波市、深圳市、海口市、南宁市、天津市、郑州市、太原市、贵阳市、济南市、南昌市、合肥市和厦门市，占比为41.2%。60%～70%的民营企业对此表示满意的城市有8个，占比为23.5%。不足50%的民营企业表示满意的城市只有2个，占比为6%。

表4－15　不同城市民营企业对社会组织和第三方服务机构信用水平的满意情况（前10名）

单位：%

排名	城市	百分比
1	广州市	100.0
2	南京市	99.1
3	杭州市	97.3
4	哈尔滨市	93.9
5	成都市	92.9
6	大连市	92.3
7	西安市	91.8
8	石家庄市	91.5
9	福州市	91.5
10	武汉市	91.3

四　社会整体信用水平

信用是市场经济的基石，良好的信用水平有利于市场经济稳定运行。通过对我国社会整体信用水平进行主观评测，民营企业对我国社会整体信用水平评价的平均得分为4.36分。根据评分规则，1～2分表示评价较低，不太满意；分值为3分表示评价一般；分值为4～5分表示评价较高，对我国整体信用水平满意。由此可见，民营企业对当前我国社会整体信用水平评价较高。

通过对具体城市进行调研，我们发现，不同城市的民营企业对社会整体信用水平的满意情况也不同。如表4－16所示，在参与调查的34个城市中，90%以上的民营企业对社会整体信用水平表示满意的城市有10个，分别是广州市、南京市、杭州市、石家庄市、大连市、武汉市、哈尔滨市、西安市、福州市和长春市，占比为29.4%；80%～90%的民营企业对社会整体信用水平持满意态度的城市有15个，分别是宁波市、成都市、南宁市、上海市、深圳市、济南市、太原市、郑州市、海口市、合肥市、天津市、厦门市、贵阳市、南昌市和北京市，占比为44.1%；对社会整体信用水平表示满意的民营企业占比不足80%的城市有9个，占比为26.5%。

表4－16　不同城市民营企业对社会整体信用水平的满意情况（前10名）

单位：%

排名	城市	百分比
1	广州市	100.0
2	南京市	99.1
3	杭州市	96.7
4	石家庄市	94.1
5	大连市	93.8
6	武汉市	93.6
7	哈尔滨市	93.1
8	西安市	91.8
9	福州市	90.5
10	长春市	90.3

通过数据分析可知，我国当前总体社会环境较好，民营企业对社会环境比较满意。具体来说，在公共服务方面，民营企业对社会公共服务评价的平均得分为4.46分；对我国医疗服务评价的平均得分为4.31分；对社会保障评价的平均得分为4.49分；对义务教育评价的平均得分为4.47分；对人才培养评价的平均得分为4.43分；对休闲文化娱乐设施评价的平均得分为4.40分；对生活便利程度和交通便利程度评价的平均得分分别是4.48分和4.40分。这些数据表明，民营企业对我国当前公

共服务环境表示满意。其中，在参与调查的34个城市中，广州市、南京市和杭州市表现最为突出。在第三方服务机构方面，数据显示，民营企业对行业协会和商会提供的服务评价的平均得分为4.29分；对律师事务所提供的服务评价的平均得分为4.22分；对会计师与审计师事务所提供的服务评价的平均得分为4.28分；对税务师事务所提供的服务评价的平均得分为4.35分。所有分数均在4分以上，得分较高，表明第三方服务机构提供的服务赢得了大部分参与调查的民营企业的认可。其中，我国南部地区表示满意的情况整体优于我国西部城市。在社会信用方面，通过主观评测，民营企业对我国公民诚信水平评价的平均得分为4.34分；对关联企业的信用水平评价的平均得分为4.33分；对我国社会组织和第三方服务机构信用水平评价的平均得分为4.35分；对社会整体信用水平评价的平均得分为4.36分。以上得分均较高，表明整体上民营企业对我国社会信用环境表示满意。

社会环境作为营商环境的重要组成部分，是企业发展的保障性因素，影响着企业发展的质量和周期。企业设立只是营商活动的开端，企业要实现获得利润的目的，还需要成功地开展经营活动。企业的经营活动要获得成功，社会诚信、公共服务、居民素质、社会秩序等因素的作用极为重要。没有社会环境支撑，企业的市场、人才、成本、稳定等便无法保障或需要付出过高的成本。社会诚信缺乏，企业的交易成本就会大大增加；教育、就业、医疗、养老、社会保障等公共服务不发达，人才的基本生活条件便无法满足，导致企业人才流失或者招不到足够的人才；居民文明素质落后，不利于企业与外部环境协调，会增加成本并影响企业的正常运转。从这种意义上说，社会环境为企业生存提供保障，没有适宜企业生存的社会环境，企业就难以维持。

从长远来看，没有社会环境的塑造，营商活动就不可能长期可持续的发展，这对企业发展和地区发展都是不利的。对于外来企业，首先要了解项目投资地区的社会治安状况、基本的社会保障状况以及生活和交通便利状况，社会稳定才能生活安定、消费稳定、生产安全。只有保持一个稳定、便捷的社会环境，社会才能持续消费，企业才能实现可持续发展。

第五节　社会环境指标构建及分析

一　指标介绍

社会环境指企业生存和发展的具体环境，包含社会软环境和硬件设施两个方面。本研究将民营企业对社会环境的评价分为三个指标，分别是社会风气、地区公共服务和可及性、地区基础设施。

社会风气主要指民营企业对本地社会信用状况的主观测评。对社会风气的评价包括以下几个方面：社会信用、公民的诚信程度、关联企业的信用水平、社会组织和第三方服务机构的信用水平。

地区公共服务和可及性主要指民营企业对本地公共基础设施建设和公共事业及其可获得性的主观测评。对地区公共服务和可及性的评价包括以下几个方面：社会保障、义务教育、高等院校及科研院所人才培养、医疗服务、生态环境、生活便利程度、交通便利程度、休闲文化娱乐设施、社会公共服务总体评价。

除问卷中涉及的问题之外，本研究在计算地区基础设施指标的得分时将相关的统计指标纳入计算，包括市区人口密度，人均道路面积，人均公园绿地面积，建成区绿化覆盖率，供水综合生产能力，公共交通运营车数，天然气供气总量，道路长度，园林绿地面积，公园绿地面积，二氧化硫、氮氧化物、烟（粉）尘区域总量，全体居民人均可支配收入。统计指标的相关数据均来自当地统计年鉴。

根据相关参数对上述各项指标进行计算，得出每个城市在每项指标上的得分，再依据相关规则，对指标进行加权处理，并计算得出每个城市在该项指标上的总得分，即社会环境评价得分。

二　社会环境分析

本研究对各城市社会环境的分析主要依据民营企业的主观测评。根据民营企业对调查问卷题目的评分，结合当地统计年鉴中相关统计数据［市区人口密度，人均道路面积，人均公园绿地面积，建成区绿化覆盖率，供水综合生产能力，公共交通运营车数，天然气供气总量，道路长度，园林绿地面积，公园绿地面积，二氧化硫、氮氧化物、烟（粉）尘区域总量以及全体居民人均可支配收入］，本节将对总体社会环境及其次级指标进行具体分析。

（一）总体社会环境分析

根据民营企业对总体社会环境的主观测评，计算得出参评城市在总体社会环境上的得分。如图 4－4 所示，社会环境指数得分在 90 分以上的城市有 5 个，占比为 15%，分别是广州市、南京市、深圳市、上海市、杭州市；得分在 80～90 分的城市有 6 个，占比为 18%，分别是北京市、济南市、武汉市、成都市、郑州市、石家庄市；得分在 70～80 分的城市有 15 个，占比为 44%；得分低于 70 分的城市有 8 个，占比为 24%。从得分分布上看，34 个城市在总体社会环境上相差较为明显，沿海地区城市社会环境得分高于内陆地区城市。

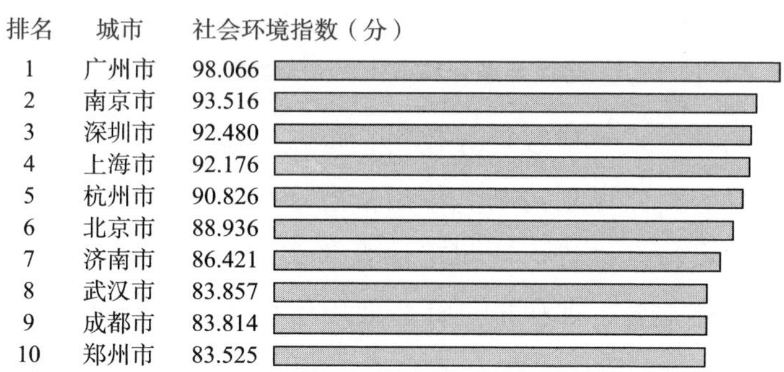

图 4－4　2018 年参评城市社会环境指数（前 10 名）

调查显示，社会环境指标得分排名前三的城市分别是广州市、南京市、深圳市。社会环境指标的二级指标中，社会风气指标排名第一的城市是广州市；公共服务和可及性指标排名第一的城市是上海市；地区基础设施指标排名第一的城市是北京市。

（二）社会风气

根据民营企业对社会风气的主观测评，计算得出参评城市在社会风气上的得分。如图 4－5 所示，社会风气指数得分在 0.9 分以上的城市有 7 个，占比为 21%，分别是广州市、杭州市、南京市、宁波市、济南市、深圳市、郑州市；得分在 0.8～0.9 分的城市有 10 个，占比为 29%，分别是石家庄市、大连市、成都市、福州市、厦门市、上海市、武汉市、合肥市、哈尔滨市、沈阳市；得分在 0.7～0.8 分的城市有 9 个，占比为 26%；还有 8 个城市得分在 0.7 分以下，占比为 24%。

图 4－5　2018 年参评城市社会风气指数（前 10 名）

广州市的社会风气指数得分较高，得益于政府部门在信用体系建设中启动部署早、整体谋划清晰、信用信息系统完善且应用广泛、信用联合奖惩机制建设持续推进。广州市认真落实国家、广东省有关社会信用体系建设的总体部署，加快推进社会信用体系建设，取得了一系列成绩：2012 年以来，广州市连续在全省社会信用体系建设考评中名列前茅；2016 年，广州市获批成为全国社会信用体系建设示范创建城市，是唯一一个全市范围纳入创建的国家中心城市；在国家发改委联合中经网主办的城市信用监测排名中，广州市位居全国前列；广州市连续 5 年在《福布斯》杂志中国内地最佳商业城市排行中名列第一。广州市在信用体系中采取了建立完善个人信用档案、加大重点人群信用信息公开力度、加大对各领域个人失信的公开和惩戒力度等措施，对广州市信用体系建设起到了重要的推动作用[①]。

（三）地区公共服务和可及性

根据民营企业对地区公共服务和可及性的主观测评，计算得出参评城市在地区公共服务和可及性上的得分。如图 4－6 所示，地区公共服务和可及性指数得分在 0.9 分及以上的城市有 5 个，占比为 15%，分别是上海市、广州市、北京市、杭州市、南京市；得分在 0.8～0.9 分的城市有 8 个，占比为 24%，分别是深圳市、天津市、武汉市、郑州市、西安市、长沙市、成都市、福州市；得分在 0.7～0.8 分的城市有 16 个，占比为 47%；还有 5 个城市得分在 0.7 分以下，占比 15%。

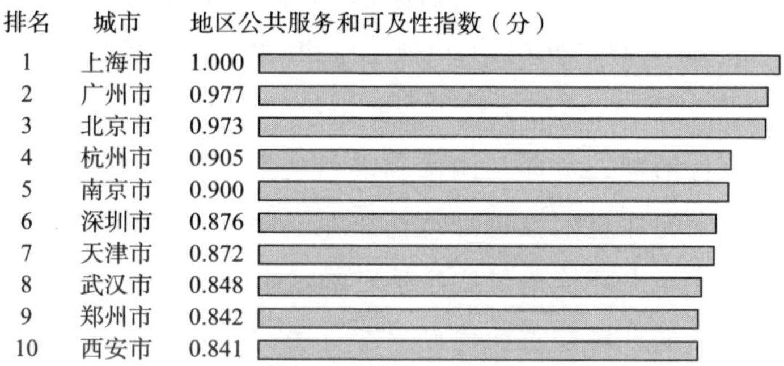

图 4－6　2018 年参评城市地区公共服务和可及性指数（前 10 名）

上海市在地区公共服务和可及性方面表现较好。在社会保障方面，上海市人力资源和社会保障局于 2018 年 5 月发布了《上海市人力资源和社会保障局优化营商环境若干举措》（以下简称《举措》）。《举措》提出阶段性降低失业保险费率、工伤保险费率，扩大失业保险援企稳岗政策范围，暂停征收企业欠薪保障费，简化社保登记办理手续，合并办理就业登记和参保登记网上办理环节等相关政策措施。[②] 在医疗服务方面，上海市于 2018 年 7 月出台的《关于推进健康服务业高质量发展加快建设一

---

① 《广州市信用体系建设工作亮点和具体举措》，广州文明网，http://gdgz. wenming. cn/cxlt/201706/t20170607_4342517. htm。

② 《上海市人力资源和社会保障局优化营商环境若干举措》，上海市人力资源和社会保障局官网，http://www. rsj. sh. gov. cn/tyhyshj_17222/20200617/t0035_1372857. html。

流医学中心城市的若干意见》涉及药品、医疗器械、保健用品、健身产品、健康保险等支撑产业，门类众多，目的是打造一个以人才为核心、以机构为主体、以市场为导向、产学研医深度融合的健康科技创新体系，放宽社会办医限制，鼓励形成一大批高水平、有特色的社会办医品牌，构建与卓越全球城市相匹配的高品质健康医疗服务业体系，加快建设亚洲医学中心城市，进一步提升上海健康服务发展能级与核心竞争力。[①] 在环境保护方面，上海市的环境保护工作走在全国前列。2016 年 11 月 28 日至 12 月 28 日，中央第二环境保护督察组对上海市开展环境保护督察。督查结果显示，上海市环境保护投入占 GDP 比重连续多年保持在 3% 左右，2014～2016 年累计淘汰 2540 项高能耗、高污染的落后产能，加强钢铁、石化等产业产能压减。2015 年以来，上海市 28 个区块共整治污染源 2059 处，关闭淘汰企业 6033 家。上海市推进 1200 余家重点工业企业挥发性有机物综合治理，黄标车淘汰和港口船舶低排放控制工作走在全国前列。上海市率先在全国推进环境污染第三方治理工作，取得了良好效果。但上海市的生态环境质量依然是影响城市整体发展的一块突出短板，与市民日益增长的环境需求和建设生态宜居城市目标相比还有较大差距，需要进一步提升重视[②]。在对社会公共服务的总体评价方面，上海交通大学民意与舆情调查研究中心发布的 2016 年度《中国城市公共服务满意度调查》报告，采用了国际先进的计算机辅助电话问卷调查系统（CATI），对中国 35 个主要城市的 3500 位居民进行了随机抽样和电话问卷调查，通过数据分析得出全国“公共服务整体满意度”十佳城市。其中上海市的公共服务质量在全国处于领先地位，总体排名为全国第五。从具体指标来看，除“房价稳定”指标以外，其余指标均位列全国前十，尤其是“基础设施建设”与“社会治安”两项指标在全国分列第二位和第三位[③]。

① 《上海医改新政“一鸣惊人”》，亿欧官网，https://www.iyiou.com/p/77656.html。

② 《中央环保督察组：上海环保整体走在全国前列　生态环境质量仍是短板》，新华网，http://www.xinhuanet.com/politics/2017-04/12/c_1120797305.htm。

③ 《中国城市公共服务满意度几何？上海居前五　宁波或“黑马”》，新民网，http://shanghai.xinmin.cn/msrx/2016/06/29/30186885.html。

（四）地区基础设施

如图 4－7 所示，从参与调查的 34 个城市的地区基础设施指数来看，得分在 0.9 分以上的城市有 7 个，占比为 21%，分别是北京市、上海市、重庆市、深圳市、广州市、天津市、南京市；得分在 0.8～0.9 分的城市有 4 个，占比为 12%，分别是武汉市、沈阳市、成都市、济南市；得分在 0.7～0.8 分的城市有 7 个，占比为 21%，分别是西安市、长春市、合肥市、杭州市、昆明市、石家庄市、哈尔滨市；还有 16 个城市的得分低于 0.7 分，占比为 47%。

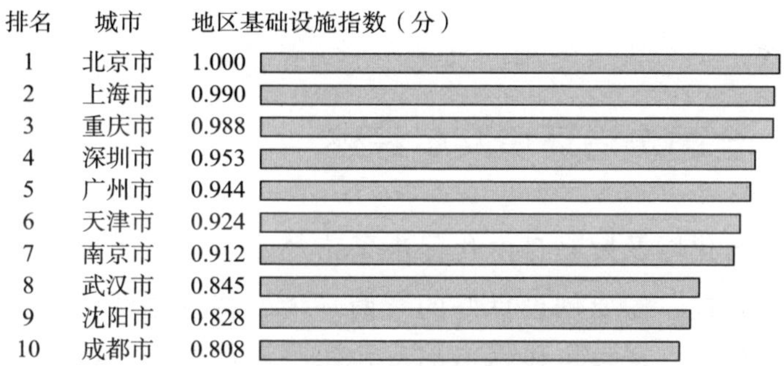

图 4－7　2018 年参评城市地区基础设施指数（前 10 名）

地区基础设施指数以市区人口密度，人均道路面积，人均公园绿地面积，建成区绿化覆盖率，供水综合生产能力，公共交通运营车数，天然气供气总量，道路长度，园林绿地面积，公园绿地面积，二氧化硫、氮氧化物、烟（粉）尘区域总量，全体居民人均可支配收入为基础进行计算，北京市、上海市在地区基础设施指数上得分较高，地区基础设施相对较为完善，主要体现为在市区人口密度、道路交通、人均可支配收入等方面得分较高。

社会环境是营商环境的基础性条件，民营企业对社会环境的评价在一定程度上反映了城市在优化营商环境中对社会风气、地区公共服务和可及性、地区基础设施的重视程度。优化社会风气，完善公共服务及基础设施建设，进一步提升社会环境，对优化营商环境具有重要意义。

第五章

法治环境：基本情况及指标分析

第一节　全国法治环境文献综述

经济全球化以及贸易自由化促进了市场竞争，为了能够获得竞争主动权以及主导权，需要创设良好的营商环境，特别是法治营商环境在其中具有关键作用。选择投资环境的过程中，企业需要对法治环境进行理性考量，良好的法治环境为遵守市场经济规则以及社会生活规则奠定了基础。党的十八届三中全会审议通过的《中共中央关于全面深化改革若干重大问题的决定》明确提出“建设法治化营商环境”的要求。2018 年和 2019 年中央经济工作会议都指出要“建立公平开放透明的市场规则和法治化营商环境”。营商环境已成为区域经济发展的重要软实力和核心竞争力。

有学者指出，当前我国法治环境存在六个方面的问题。（1）商事主体平等问题未完全解决。法治的最高目标之一就是法律面前人人平等。习近平总书记指出，任何人都不得有高于宪法和法律的特权[①]。就营商环境而言，商事主体间的不平等现象依然存在。毋庸讳言，国有企业与民营企业在某些领域还不能做到平等竞争。国有企业对某些行业和某些

① 《习近平：任何组织或个人都不得有超越宪法法律的特权》，新华网，2018 年 2 月 25 日。

资源的不必要垄断一方面导致了资源的低效利用，阻碍了公平竞争；另一方面导致民营企业在某些行业步履维艰。即便同为国有企业或民营企业，不同企业在某些行业中也可能遭受不平等待遇。此外，还有一些隐形门槛阻碍着企业平等获得商业机会。在企业和企业家的权利救济方面，还不时存在不平等现象；地方保护主义和商事司法中的不公平现象并未完全绝迹；选择性执法与选择性司法严重地损害了法治环境。（2）诚信危机并未彻底克服。“合同就是法律”这句法谚表明了信守合约的重要性。在我国，诚信危机在商事领域仍然较为突出。无论是政府还是企业，都应当严肃对待契约，奉行“有约必守”。然而，个别地方政府因为换届等原因直接或间接地撕毁合同，或拖延合同的履行，或通过干预司法的方式令合同无法履行的现象仍然存在。企业之间随意毁约，或通过关联交易转移、隐藏企业资金与资产，令债权人蒙受巨大损失的现象还较为普遍。诚信的缺失如果得不到根治，将严重影响营商环境的改善。（3）企业家的人身安全和财产安全保障措施有待进一步完善。习近平总书记指出，要依法保护企业家的人身安全和财产安全[①]。在个别地方，企业家的人身安全和财产安全仍然没有得到有效保护，甚至极个别地方需要各种“保护”才能换来经商安全；企业财产被随意查封、扣押甚至掠夺；随意侵犯他人知识产权。在企业家人身安全和财产安全无法得到保障的地方，还有投资者来创业吗？在知识产权可以被随意侵犯的地方，还能指望有创新吗？（4）一些企业家对法律的敬畏心不足，缺乏社会责任感。在法治国家，人人都应当对法律心存敬畏。具体到营商环境，任何商事主体，无论是国企还是民企，无论是大中型企业还是小微企业，都应当守法经营。然而，一些企业家或企业主对法律的敬畏心不足，偷税漏税者有之，污染环境者有之，造假贩假者有之，坑蒙拐骗者有之，进行利益输送以谋取商业上的好处或者干预公正司法的现象也不时见诸报端，甚至有个别企业家藐视法律和司法的权威，以身试法，视法律如

① 《习近平：在民营企业座谈会上的讲话》，新华社，2018 年 11 月 1 日。

儿戏。企业家的社会责任感和公德心都有待强化。（5）风清气正的政商关系有待进一步理顺。在营商环境评价体系中，一个极为重要的指标就是政商关系是否健康。尽管风清气正的新型政商关系正在形成，但政商关系的改善仍然有很长的路要走。从政府层面来说，建立法治政府和廉洁政府的道路还很漫长。个别地方政府或部门不讲法治的现象依然存在，以言代法、以权代法的现象并未根除。虽然“门难进、脸难看”的问题基本得到解决，但是某些部门不作为或者设置隐形障碍等现象仍严重影响着营商环境。廉洁政府建设任重道远，权力寻租现象不时出现。极个别地方甚至出现了政商勾结的现象，政府工作人员充当商人的保护伞。个别地方小官巨贪、吃拿卡要现象严重腐蚀着营商环境。（6）商业陋习需进一步革除。维持良好的人际关系不仅无可厚非，而且应当大力提倡，以和为贵、和气生财是中华民族的一种智慧。不过，在营商环境中，一味地追求和谐，违背法律准则处理人情世故，不但破坏了健康的营商环境，也践踏了法治。在某些企业或行业，公关失去了底线，“金钱开路”“回扣”“阴阳合同”盛行，招标过程中“围标”盛行，出了问题“说情”“私了”盛行。这些陈规陋习如果不革除，则会影响到营商环境的法治建设。①

赵莎总结出当前我国法治环境面临的三个主要问题。（1）营商环境的职务犯罪屡禁不止。从司法实践角度来看，一部分行政单位或行政单位工作人员在执法或行政过程中，存在失职行为或渎职行为，自由裁量权滥用问题非常严重，这就使执法标准缺乏统一性，执法结果存在不公正现象，以及权力滥用和选择性执法问题。还有一部分人存在徇私枉法及以权谋私问题。这些同依法行政、为人民服务原则要求等相违背，对营商环境造成了非常严重的破坏，无法有效保障企业的权益，使市场经济发展的自我调控失灵，无法有效调控营商环境。（2）投资者权益缺乏司法保护。在构建营商环境过程中，法治环境非常重要。一部分地区地

① 吴越：《法治引领公平竞争的营商环境》，《群言》2019 年第 3 期，第 19 页。

方保护问题、权力干预司法的问题越发严峻，同时，生效裁判文书、诉讼程序周期、司法裁判等方面不够公正，这使投资者在维权方面负担比较重，借助正常的法律程序来解决投资者问题也较难。借助信访渠道来诉说诉求反而促使政府及行政机关由于维稳方面的压力，期望能够尽快解决问题，这就促使经济主体产生人情社会印象，对地区经济发展造成了负面影响。（3）缺乏依法行政意识以及服务意识。结合近些年破坏营商环境重点案件来看，一部分行政机关在招商项目落地后，往往并不兑现招商引资所承诺的政策，仍然存在“门难进”“脸难看”“事难办”等问题，且各项手续较为繁杂、“踢皮球”问题较为严重，拖沓推诿问题随处可见，工作效率极端低下，甚至可能在一定程度上存在违法行政问题，进而造成经济下滑、营商环境较差等问题，产生了恶性循环。[①]

基于当前法治环境存在的诸多问题，不同省市根据当地特点采取了多种措施，大力改善法治环境。例如，威海市从三个方面为改革发展打造一流营商环境，加强当地法治建设。（1）加强重点领域立法。坚持立法与改革发展决策相衔接，高质量开展地方立法工作，充分发挥立法对经济社会发展的引领、推动和保障作用。近年来，随着海洋开发强度不断加大，个别海岸带区域开发方式粗放低效，资源浪费现象较为严重，亟须通过立法予以规范。威海市人大常委会在立法中学习借鉴其他省市先进经验，充分吸收本地海岸带保护工作经验，深入基层座谈交流，广泛征求社会各界意见建议，及时将排污口设置、亲海活动等实践举措上升为法规规范，制定了《威海市海岸带保护条例》，明确界定海岸带范围和部门管理职责，为海洋经济可持续、高质量发展提供了法治保障，在全国率先以地方立法的形式推出海岸带保护专项法规。为全面巩固提升文明城市创建成果，威海市人大常委会在市委的领导下主持起草了《威海市文明行为促进条例》，对爱护公共环境、遵守公共秩序等 10 大类行为予以规范，规定了文明行为的鼓励与促进措施，建立了不文明行

① 赵莎：《当前法治营商环境建设的对策研究》，《中国商论》2019 年第 1 期，第 236 页。

为多元化处置机制，做到了法治与德治的有机统一。（2）统筹推进立法工作。立法项目选择上，威海市人大常委会围绕市委改革发展决策部署，按照“发展需要、社会关注、急需先立”的原则，科学编制年度立法计划，筛选出 14 件立法项目列入立法计划和立法项目库，增强了立法工作的前瞻性、计划性和科学性。立法起草过程中，注重加强与政府及有关部门的沟通协调，主动提前介入法规起草和调研论证工作，及时跟进督促起草进度，形成良性互动工作格局。法规草案审议阶段，发挥专门委员会先行审议、法制委员会统一审议和常委会集中审议的职能作用，对重大问题或争议较大的条款进行专题研究、集中修改，有效保障了地方性法规的审议质量。（3）健全开门立法机制。统筹整合立法资源，加强立法咨询委员会和立法研究服务基地建设，委托 26 名立法咨询委员和 2 家立法服务基地的专家学者，深度参与每部法规的起草、审议、修改等环节。坚持立法为民、问计于民，进一步拓宽公众参与立法渠道，增补了 16 个基层单位作为第二批立法联系点，立法联系点总数达到 30 个，使立法工作更接地气、更符合实际。同时，每部法规草案都通过新闻媒体和人大网站及时公布，广泛征求社会各界的意见和建议，最大限度地凝聚共识、反映民意。在《威海市文明行为促进条例》起草过程中，威海市人大常委会坚持多部门协调联动，通过开展市民文明行为大讨论、发放问卷专项调查、市民网络投票和实地调研座谈相结合的形式征求意见，为条例制定和实施奠定了坚实的民意基础。①

此外，黑龙江省、山东省、浙江省为积极促进外商投资，保护外商投资合法权益，营造法治化、国际化的营商环境也采取了相应的对策。具体来说，黑龙江省于 2019 年 1 月 18 日高票表决通过了《黑龙江省优化营商环境条例》。该条例明确，将重点清理整治“新官不理旧账”、不作为、乱作为、懒政怠政等问题，彰显了黑龙江省重塑营商环境的信心和决心。山东省人大常委会于 2019 年 2 月 19 日就《山东省优化营商环

① 于云龙：《威海：为改革发展提供良好法治环境》，《山东人大工作》2019 年第 2 期，第 30 页。

境条例》的立法工作召开了座谈会，积极推动加快条例起草工作。为保障“最多跑一次”的改革成果，2018 年 11 月 30 日，浙江省十三届人大常委会第七次会议审议通过了《浙江省保障“最多跑一次”改革规定》。这是全国“放管服”改革领域首部综合性地方法规，将在省级层面率先为实现“最多跑一次”提供制度样本。与此同时，辽宁、吉林、河北、陕西等地在更早时间制定出台了优化营商环境条例，努力从法治层面打造良好营商环境，为中外企业平等竞争、蓬勃发展创造更加有利的条件。在法治的保驾护航之下，中国营商环境不会变差，只会越来越清新、越来越有吸引力。①

第二节　民营企业的法律保护

营商环境包括影响企业活动的法律、政治、经济、社会乃至文化等诸多方面的要素，每个方面都是不可缺少的，但法律要素是其中最为根本的要素，是营商环境的保障。制定专门行政法规推进市场化、法治化、国际化营商环境建设，是深化改革开放、促进公平竞争、增强市场活力和经济内生动力、推动高质量发展的重要举措。本节从私有财产权的法律保护力度和破产企业有关各方权益的保护情况两个方面考察当前法律保护民营企业的状况。

一　私有财产权的法律保护力度

对全国私有财产权的法律保护力度的评价，通过民营企业主观评分的方式进行，分值范围是 1～5 分，分值越高表示评价越高。其中，1～2 分表示评价较低，对我国私有财产权的法律保护力度不太满意；分值为 3 分表示评价一般；分值为 4～5 分表示评价较高，对我国私有财产权的法律保护力度持满意态度。当前，民营企业对我国私有财产权的法律保

① 李小健：《营商环境：只有更好，没有最好》，《中国人大》2019 年第 5 期，第 35 页。

护力度评价的平均得分为 4.41 分，分值较高，表明我国对私有财产权的法律保护总体上得到了民营企业的认可。

通过调研，我们发现，不同城市民营企业对当地私有财产权的法律保护力度的满意情况不同。如表 5-1 所示，在参与调查的 34 个城市中，90% 以上的民营企业对当地私有财产权的法律保护力度表示满意的城市有 11 个，分别是广州市、南京市、杭州市、武汉市、哈尔滨市、石家庄市、福州市、长春市、西安市、南宁市和宁波市，占比为 32.4%；80% ~ 90% 的民营企业对当地私有财产权的法律保护力度表示满意的城市有 14 个，分别是北京市、郑州市、贵阳市、南昌市、厦门市、太原市、合肥市、银川市、济南市、天津市、深圳市、上海市、海口市和大连市，占比为 41.2%；不足 80% 的民营企业对当地私有财产权的法律保护力度持满意态度的城市有 9 个，占比为 26.5%。

具体来看，广州市 100% 的民营企业对当地私有财产权的法律保护力度表示满意，南京市和杭州市分别有 99.3% 和 96.9% 的民营企业对当地私有财产权的法律保护力度表示满意。

表 5-1　不同城市民营企业对当地私有财产权的法律保护力度的满意情况（前 10 名）

单位：%

排名	城市	百分比
1	广州市	100.0
2	南京市	99.3
3	杭州市	96.9
4	武汉市	95.2
5	哈尔滨市	95.0
6	石家庄市	93.5
7	福州市	92.9
8	长春市	92.1
9	西安市	91.2
10	南宁市	90.6

二　破产企业有关各方权益的保护情况

据统计数据分析，民营企业对破产企业有关各方权益的保护情况评价的平均得分为 4.39 分。根据评分规则，最高分为 5 分，最低分为 1 分。分值为 1～2 分，表示评价较低，对破产企业有关各方权益的保护情况不太满意；分值为 3 分，表示评价一般；分值为 4～5 分，表示评价较高，对破产企业有关各方权益的保护情况持满意态度。因此，从总体上看，民营企业对我国破产企业有关各方权益的保护情况评价较高。

和对私有财产权的法律保护力度的满意情况类似，如表 5－2 所示，在参与调查的 34 个城市中，90% 以上的民营企业对当地破产企业有关各方权益的保护情况表示满意的城市有 10 个，分别是广州市、南京市、杭州市、哈尔滨市、武汉市、石家庄市、福州市、西安市、长春市和天津市，占比为 29.4%；80%～90% 的民营企业对当地破产企业有关各方权益的保护情况表示满意的城市有 17 个，分别是南昌市、深圳市、贵阳市、海口市、太原市、北京市、厦门市、乌鲁木齐市、银川市、合肥市、宁波市、大连市、济南市、上海市、南宁市、成都市和郑州市，占比为 50%；不足 80% 的民营企业对当地破产企业有关各方权益的保护情况持满意态度的城市有 7 个，占比为 20.6%。

其中，广州市 100% 的民营企业对此表示满意，南京市和杭州市分别有 99.1% 和 96.2% 的民营企业对当地破产企业有关各方权益的保护情况表示满意。

表 5－2　不同城市民营企业对当地破产企业有关各方权益的保护情况的满意情况（前 10 名）

单位：%

排名	城市	百分比
1	广州市	100.0
2	南京市	99.1
3	杭州市	96.2
4	哈尔滨市	95.8

续表

排名	城市	百分比
5	武汉市	93.9
6	石家庄市	92.2
7	福州市	91.9
8	西安市	91.8
9	长春市	91.3
10	天津市	91.3

第三节　执法和司法部门公正

习近平总书记强调："法治是最好的营商环境。"[①] 只有致力于打造公平公正的营商环境，才能让市场主体在规则和法律保护下健康发展，给市场主体真正的安全感和获得感，进一步营造亲商护商的氛围。营造公平公正的营商环境，就是要让公正的阳光普照每个市场主体，依法平等地保护其合法权益。市场主体是社会财富的创造者，是经济发展内生动力的源泉。各级司法机关要切实加大产权司法保护力度，特别是提高执法和司法过程的公正程度，让企业公开公平公正参与市场竞争、同等受到法律保护、共同履行社会责任。在本节中，执法和司法部门的公正主要包含执法和司法部门的公正程度、司法判决执行落实情况和投诉政府部门的渠道畅通情况三个主要方面。

一　执法和司法部门的公正程度

对执法和司法部门的公正程度的评价采取民营企业主观评分的方式，最低分为 1 分，最高分为 5 分。其中，分值为 1 ~ 2 分表示评价较低，对我国执法和司法部门的公正程度不太满意；分值为 3 分表示评价一般；分值为 4 ~ 5 分表示评价较高，对我国执法和司法部门的公正程度持满意

① 《法治是最好的营商环境（新论）》，《人民日报》2020 年 10 月 16 日。

态度。民营企业对执法和司法部门的公正程度评价的平均得分为 4.39 分，分值较高，表明总体上民营企业对此表示满意。

表 5－3 展示了不同城市民营企业对执法和司法部门的公正程度满意情况。在参与调研的 34 个城市中，90% 以上的民营企业对执法和司法部门的公正程度表示满意的城市有 9 个，分别是广州市、南京市、杭州市、福州市、武汉市、天津市、石家庄市、哈尔滨市和长春市，占比为 26.5%；80%～90% 的民营企业对执法和司法部门的公正程度表示满意的城市有 16 个，分别是南宁市、大连市、西安市、宁波市、济南市、海口市、上海市、北京市、南昌市、郑州市、乌鲁木齐市、贵阳市、深圳市、合肥市、太原市、厦门市，占比为 47.1%；80% 以下的民营企业对执法和司法部门的公正程度表示满意的城市有 9 个，占比为 26.5%。

表 5－3　不同城市民营企业对执法和司法部门的公正程度的满意情况（前 10 名）

单位：%

排名	城市	百分比
1	广州市	100.0
2	南京市	99.3
3	杭州市	96.4
4	福州市	95.7
5	武汉市	95.4
6	天津市	94.6
7	石家庄市	93.0
8	哈尔滨市	92.0
9	长春市	91.3
10	南宁市	89.6

二　司法判决执行落实情况

对司法判决执行落实情况的评价采取民营企业主观评分的方式，最低分为 1 分，最高分为 5 分。其中，分值为 1～2 分表示评价较低，对我国司法判决执行落实情况不太满意；分值为 3 分表示评价一般；分值为 4～5 分表示评价较高，对我国司法判决执行落实情况表示满意。民营企业对司法判决执行落实情况评价的平均得分为 4.34 分，分值较高，表明总体上民营企业认可我国当前司法判决执行落实情况。

根据表 5-4 可知，不同城市民营企业对司法判决执行落实情况的评价不同。总的来说，大部分城市的民营企业对当地司法判决执行落实表示满意的占比保持在 80% 以上。其中，90% 以上的民营企业对当地司法判决执行落实情况表示满意的城市有 7 个，分别是广州市、南京市、杭州市、哈尔滨市、石家庄市、武汉市和福州市，占比为 20.6%；80%～90% 的民营企业对此表示满意的城市有 17 个，分别是长春市、西安市、成都市、大连市、济南市、宁波市、南宁市、郑州市、上海市、海口市、贵阳市、南昌市、北京市、深圳市、天津市、太原市和厦门市，占比为 50%。此外，还有 10 个城市对司法判决执行落实情况表示满意的民营企业占比不足 80%，占比为 29.4%。

表 5-4　不同城市民营企业对司法判决执行落实情况的评价（前 10 名）

单位：%

排名	城市	百分比
1	广州市	100.0
2	南京市	99.1
3	杭州市	95.8
4	哈尔滨市	93.1
5	石家庄市	93.0
6	武汉市	91.9
7	福州市	90.5
8	长春市	89.8
9	西安市	89.6
10	成都市	89.3

三　投诉政府部门的渠道畅通情况

民营企业对投诉政府部门的渠道畅通情况评价的平均得分为 4.36 分。根据评分规则，1～2 分表示评价较低，对投诉政府部门的渠道畅通情况不太满意；3 分表示评价一般；4 ~ 5 分表示评价较高，对投诉政府部门的渠道畅通情况表示满意。因此，根据主观评测结果，我国民营企业对投诉政府部门的渠道畅通情况评价较高，总体上表示满意。

根据表 5 – 5 可知，不同城市民营企业对投诉政府部门的渠道畅通情况的评价不同。在参与调研的 34 个城市中，90% 以上的民营企业对投诉政府部门的渠道畅通情况表示满意的城市有 10 个，分别是广州市、南京市、天津市、杭州市、武汉市、石家庄市、哈尔滨市、西安市、长春市和大连市，占比为 29. 4%；80% ~ 90% 的民营企业对投诉政府部门的渠道畅通情况表示满意的城市有 13 个，分别是福州市、南宁市、宁波市、济南市、海口市、上海市、贵阳市、太原市、南昌市、郑州市、合肥市、深圳市、北京市，占比为 38. 2%；80% 以下的民营企业对投诉政府部门的渠道畅通情况表示满意的城市有 11 个，占比为 32. 4%。

表 5 – 5　不同城市民营企业对投诉政府部门的渠道畅通情况的评价（前 10 名）

单位：%

排名	城市	百分比
1	广州市	100. 0
2	南京市	98. 8
3	天津市	97. 8
4	杭州市	96. 4
5	武汉市	94. 4
6	石家庄市	94. 1
7	哈尔滨市	93. 5
8	西安市	91. 8
9	长春市	90. 6
10	大连市	90. 4

第四节　“搞特殊”的不公正性

“搞特殊”与市场竞争中的公平原则背道而驰，不仅会损害“弱小”企业的利益，而且不利于营造风清气正、公开透明的营商环境。长此以往，它会使我国的营商环境在国际竞争中居于劣势地位，无法吸引外来企业投资，更无法实现我国“营造世界一流营商环境”的目标，进而给我国的国际化市场竞争造成不利影响。本节主要从“无法律依据给予特定企业优惠政策或待遇”和“无法律依据向特定企业以优惠价格出让或划拨土地”两个方面来反映当前市场存在的“搞特殊”现象。

一 特定企业的特殊优惠政策或待遇

表5－6展示了不同城市民营企业认为当地存在无法律依据给予特定企业优惠政策或待遇的情况。在34个参与调研的城市中，不超过10%的民营企业认为当地存在无法律依据给予特定企业优惠政策或待遇的城市有22个，分别是广州市、南京市、天津市、福州市、海口市、西安市、贵阳市、郑州市、长沙市、石家庄市、杭州市、南宁市、济南市、武汉市、长春市、昆明市、大连市、宁波市、上海市、太原市、哈尔滨市和乌鲁木齐市，占比为64.7%。其中，广州市没有一家参与调查的民营企业认为当地存在无法律依据给予特定企业优惠政策或待遇的情况，南京市只有0.7%的民营企业认为当地存在此种情况。10%～20%的民营企业认为当地存在无法律依据给予特定企业优惠政策或待遇的城市有8个，占比为23.5%；超过20%的民营企业认为当地存在这种情况的城市只有4个，占比为11.8%。

表5－6 不同城市民营企业认为当地存在无法律依据给予特定企业优惠政策或待遇的情况（前10名）

单位：%

排名	城市	百分比
1	广州市	0.0
2	南京市	0.7
3	天津市	1.1
4	福州市	1.9
5	海口市	3.0
6	西安市	3.3

续表

排名	城市	百分比
7	贵阳市	4.4
8	郑州市	4.9
9	长沙市	5.2
10	石家庄市	5.2

二 优惠价格的土地供应

表 5-7 展示了不同城市民营企业认为当地存在无法律依据向特定企业以优惠价格出让或划拨土地的情况。在 34 个参与调研的城市中，不超过 10% 的民营企业认为当地存在无法律依据向特定企业以优惠价格出让或划拨土地的情况的城市有 27 个，分别是广州市、南京市、天津市、福州市、西安市、太原市、贵阳市、海口市、郑州市、武汉市、长沙市、杭州市、长春市、济南市、石家庄市、哈尔滨市、大连市、昆明市、乌鲁木齐市、南宁市、上海市、沈阳市、厦门市、成都市、宁波市、南昌市和兰州市，占比为 79.4%。其中，广州市、南京市和天津市均没有一家参与调查的民营企业认为当地存在无法律依据向特定企业以优惠价格出让或划拨土地的情况。10%～20% 的民营企业认为当地存在无法律依据向特定企业以优惠价格出让或划拨土地的情况的城市有 4 个，占比为 11.8%；超过 20% 的民营企业认为当地存在这种情况的城市有 3 个，占比为 9%。

表 5-7 不同城市民营企业认为当地存在无法律依据向特定企业以优惠价格出让或划拨土地的情况（前 10 名）

单位：%

排名	城市	百分比
1	广州市	0.0
2	南京市	0.0
3	天津市	0.0
4	福州市	1.5
5	西安市	2.0
6	太原市	2.1

续表

排名	城市	百分比
7	贵阳市	2.7
8	海口市	2.8
9	郑州市	2.9
10	武汉市	3.5

在民营企业座谈会上，习近平总书记特别指出要“保护企业家人身和财产安全”①，体现了对民营企业领头人合法权益的重视。相关法律规定需要完善对民营企业及企业家合法权益的保护条款，对民营企业家与民营企业财产做出明确划分，完善强制措施合法性审查的规定等，甚至制定民营企业家权益保护法律法规，加强对民营企业、民营企业家的保护力度，凡涉及经济犯罪的立法都应极为慎重，应以民法为市场经济的基本法，以保障民法的有效实施为前提。

由上文数据分析结果可知，我国法治环境比较公平、公正，民营企业对整体法治环境予以好评。具体来看，在法律保护方面，民营企业对私有财产权的法律保护力度评价的平均得分为4.41分，对破产企业有关各方权益的保护情况评价的平均得分为4.39分，两个方面的分值均较高，表明总体上民营企业对这些法律保护服务表示满意。民营企业对执法和司法部门的公正程度评价的平均得分为4.39分，对司法判决执行落实情况评价的平均得分为4.34分，对投诉政府部门的渠道畅通情况评价的平均得分为4.36分，三个方面的得分也较高，说明我国执法和司法部门能够做到严格、公正。在特殊优惠和待遇方面，在所有参与调查的城市中，64.7%的城市仅有不到10%的民营企业认为当地存在无法律依据给予特定企业优惠政策或待遇的情况，79.4%的城市仅有不到10%的民营企业认为当地存在无法律依据向特定企业以优惠价格出让或划拨土地的情况，说明我国大部分城市的民营企业很少遇到此类不公正情况。

民营经济作为市场经济的重要组成部分，具有强大的生命力和发展

① 《习近平：在民营企业座谈会上的讲话》，新华社，2018年11月1日。

潜力，是推动国民经济发展的重要动力，我们应加强营造平等、安全的法治环境，为民营企业健康、可持续地发展打下坚实基础。

第五节　法治环境指标构建及分析

一　指标介绍

法治是营商环境的前提和基础。法治环境体现了城市实施法治的状态和水平，它的优劣直接影响着营商环境。本研究将民营企业对法治环境的评价分为三个指标，分别是执法部门公平公正、权利保护和法律救济可及性、消费法治环境。

执法部门公平公正主要是指民营企业对执法部门公平公正、法律法规公开可及性以及友好性的主观测评。对执法部门公平公正的评价主要包括以下几个方面：执法和司法部门的公正程度，政府部门依法行政，政府部门实施政策、规定透明、公正。

权利保护和法律救济可及性主要是指民营企业对私有财产的法律保障、司法判决的执行力度、投诉渠道的畅通性的主观评价。对权利保护和法律救济可及性的评价主要包括以下几个方面：私有财产权的法律保护力度、司法判决执行落实情况、投诉政府部门的渠道畅通情况。

消费法治环境主要是指民营企业对消费环境中存在的严重问题的主观测评。对消费法治环境的评价主要包括以下几个方面：商品假冒伪劣，价格欺诈，虚假广告宣传，使用、伪造他人商标、标识、包装等，消费者恶意投诉，职业打假人恶意投诉。

根据相关参数对上述各项指标进行计算，得出每个城市在每项指标上的得分，再依据相关规则，对指标进行加权处理，并计算得出每个城市在该项指标上的总得分，即法治环境评价得分。

二　法治环境分析

本研究对各城市法治环境的分析主要依据民营企业的主观测评。根据民营企业对调查问卷题目的评分，结合当地统计年鉴中相关统计数据，本节将对整体法治环境及其次级指标进行具体分析。

（一）总体法治环境分析

根据民营企业对法治环境评价的主观测评得分计算可知（见图5-1），法治环境指数得分在80分以上的城市有4个，占比为12%，分别是深圳市、北京市、广州市、上海市；得分在70~80分的城市有3个，占比为9%，分别是杭州市、宁波市、南京市；得分在60~70分的城市有17个，占比为50%，分别是成都市、郑州市、济南市、重庆市、天津市、石家庄市、武汉市、厦门市、福州市、大连市、沈阳市、合肥市、西安市、哈尔滨市、长沙市、乌鲁木齐市、南昌市；其余城市得分均在60分以下，占比为29%。调查显示，法治环境指数高分段城市较少，得分主要集中在60~70分。

图5-1 2018年参评城市法治环境指数（前10名）

（二）执法部门公平公正

根据民营企业对执法部门公平公正的主观测评得分计算可知（见图5-2），各城市得分主要集中在0.6~0.8分，高分段的城市占比较小。具体而言，得分在0.9分以上的城市有4个，占比为12%；得分在0.8~0.9分的城市有1个，占比为3%；得分在0.7~0.8分的城市有11个，占比为32%；得分在0.6~0.7分的城市有16个，占比为47%。

北京市民营企业对本市执法部门公平公正的评价较高，得益于北京市不断深化改革，大力推行依法行政，加快建设诚信政府、法治政府的

图 5－2　2018 年参评城市执法部门公平公正指数（前 10 名）

政策举措。这些举措不仅提升了执法部门执法的制度化与规范化水平，也营造了更加公平的法治环境。2018 年，北京市政府印发了《北京市进一步优化营商环境行动计划（2018 年—2020 年）》（以下简称《行动计划》），明确指出要打造诚信政府，加强项目投资、政府采购、招标投标、社会管理等重点领域政务诚信建设，对依法做出的政策承诺和签订的各类合同要认真履约和兑现，坚决杜绝“新官不理旧账”现象。同时强调要注重合理保持政策的稳定性、连续性，给予市场主体稳定预期，增强企业信心。此外，对各区、各部门实施政务诚信考核评价，并纳入绩效考核，对造成政务失信的主要责任人依法依规追究责任。

在强化商事案件司法的保障方面，《行动计划》提出了切实可行、具有针对性的解决举措。例如，完善快速化解机制、控制案件的平均审理周期；强化案件信息化管理，智能随机分案，实现商事案件审判全流程信息记录并公开；建立常态化府院协调机制；推动成立破产管理人协会，完善破产管理人名册动态调整机制；提高判决执行质量，出台网络司法拍卖实施细则，提高财产处置效率。这些举措一方面提高了执法部门的治理能力，另一方面使企业合法权益得到了有效保障。

司法的精准高效、公平公正为构建良好的营商环境保驾护航。2018 年北京市高级人民法院的工作报告显示，2014～2018 年，法院审结房屋买卖、房地产开发、股权转让等合同案件 775401 件，鼓励诚信，惩戒失信，保障交易安全。审结破产、清算案件 1191 件，在北京市第一中级人民法院成立清算与破产案件审判庭，探索执行不能转破产机制，推动破产重整，促进市场出清，为供给侧结构性改革提供司法保障。审结涉外、涉港澳台案件 30364 件，平等保护当事人合法权益，维护良好营商环境。

（三）权利保护和法律救济可及性

根据民营企业对权利保护和法律救济可及性的主观测评得分计算可知，广州市在权利保护和法律救济可及性指标上的表现较好（见图 5－3）。从总体来看，得分在 0.9 分以上的城市有 5 个，占比为 15%；得分在 0.8～0.9 分的城市有 10 个，占比为 29%；得分在 0.7～0.8 分的城市有 12 个，占比为 35%；得分在 0.6～0.7 分的城市有 2 个，占比为 6%；其余 5 个城市的得分在 0.6 分以下，占比为 15%。

图 5－3 2018 年参评城市权利保护和法律救济可及性指数（前 10 名）

广州市在该指标上表现较好。在私有财产权的法律保护力度方面，广州市中级人民法院和人民检察院积极开展工作，服务于法治化营商环境的建设。广州市中级人民法院一审审结商事案件共 69766 件，有效维护了公平有序的市场秩序。审结金融借款、金融衍生品交易、网络支付等金融案件 41338 件，进而维护了金融交易安全。审结股权转让、盈余分配等股权案件 996 件，增强了社会投资积极性。制定实施生态司法保护意见，推进珠三角地区环境民事公益诉讼集中管辖，审结环境资源民事案件 618 件，服务于绿色发展。2017 年以来，广州市人民检察院积极参与整顿和规范市场经济秩序，共依法批准逮捕各类破坏市场经济秩序犯罪 4478 人、起诉 5250 人，加强对各类金融机构、金融市场交易平台、货币信贷市场、保险市场的法律监督，积极参与互联网金融风险整治，加大对操纵市场、内幕交易、虚假披露信息等金融犯罪的打击力度。

在司法判决执行落实方面，2018年广州市中级人民法院攻坚解决执法难问题，努力实现“送必达、执必果”。法院共受理执行案件175110件，执结155032件，实际执行到位金额226.5亿元，同比分别增长3.4个、8.1个、59.2个百分点。民事案件首次送达成功率同比增长15.2个百分点。为促进司法判决的落实，广州市积极构建执行难综合治理格局，完善执行工作机制。广州市中级人民法院依靠党委支持，与全市28家单位建立执行联动机制，构建起执行难综合治理格局，同时建立“广佛同城”执行协作机制，探索“片对片”区域查控新模式。全面推行网络司法拍卖，成功拍卖标的额53.28亿元，整体溢价率33.77%。在完善执行工作机制方面，法院健全执行权运行机制，实行重要节点主动告知、案件到期逐级预警，规范执行行为。建成查控、指挥、管理三位一体执行指挥系统，实现执行指挥中心实体化运作。推进“智慧执行”建设，开发全国法院首个“移动执行”手机APP。开展“攻坚2017”执行大会战、“猎狐”等专项行动，加大执行实施力度①。

（四）消费法治环境

根据民营企业对消费法治环境的主观测评得分计算可知，上海市在消费法治环境指标上的得分最高（见图5－4）。得分在0.9分以上的城市有12个，占比为35%；得分在0.8～0.9分的城市有15个，占比为44%；其余7个城市得分均在0.8分以下，占比为21%。

上海市在消费法治环境方面的表现较好。调查显示，在打击假冒伪劣商品方面，上海市各区积极响应国家市场监管总局的号召，加大打击制售假冒伪劣商品违法力度。黄浦区主要从以下五个方面入手：一是加大对注册商标专用权的保护力度；二是加大对流通领域制售假冒伪劣产

① 《“送必达、执必果”！“基本解决执行难”决胜仗，广州法院这样打》，全国法院切实解决执行难信息网，https://jszx.court.gov.cn/main/Execute Newsletter/840.jhtml。

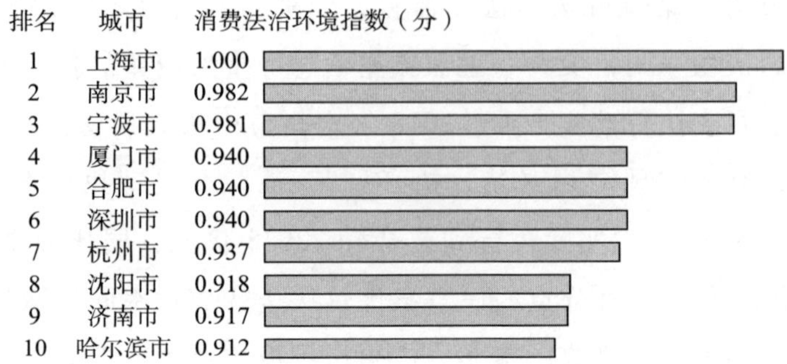

图 5－4　2018 年参评城市消费法治环境指数（前 10 名）

品的打击力度；三是加大对不正当竞争行为的查处力度；四是加强食品药品安全监管，保持高压态势；五是开展专利行政执法检查行动。在实际工作中，奉贤区的专人专办、快速处理制度也卓有成效。2017 年，奉贤区成立派驻“东方美谷”检察工作室，明确提出对妨害奉贤特色产业“东方美谷”建设的刑事犯罪、职务犯罪案件实行专人专办、快速处理制度。从民营企业对上海市消费法治环境的高度评价可以看到，严厉打击各类影响营商环境的违法犯罪行为，能够增强民营企业的安全感与获得感，提高民营企业的满意度。

针对严重影响、干扰企业正常经营，挤占市场监管领域大量行政资源的职业打假行为，上海市于 2018 年 11 月发布了《关于有效应对职业索赔职业举报行为维护营商环境的指导意见》（以下简称《指导意见》）。这是首次以官方文件的形式正式使用“职业索赔职业举报”的概念。《指导意见》有两大亮点：一是建立职业打假人“黑名单”制度，同时建立应对职业索赔、职业举报行为的跨部门协作机制和相关联席会议制度，加强行刑衔接，依法严厉惩处涉嫌敲诈勒索诈骗等行为；二是对职业索赔、职业举报案件的处理，不再纳入执法部门调解成功率统计。

在其他方面，上海市崇明区检察院制定了《关于服务保障“生态崇明”法治化营商环境的方案》（以下简称《方案》），向社会发布了 30 条《“生态崇明”法治化营商环境服务保障清单》，进一步优化崇明区的消费法治环境。《“生态崇明”法治化营商环境服务保障清单》第一条规定，当存在商业贿赂、合同诈骗、假冒注册商标、侵犯商业秘密、损害商业信誉和商品声誉等破坏公平竞争营商环境、扰乱市场经济秩序的违法犯罪活动，公安机关应当立案侦查而不立案侦查时，可以依法向检察机关举报或者申请监督。[①]《方案》的制定能够切实发挥政府作用，保障市场经济秩序规范有序。

总体而言，从法治环境各分项指标来看，执法部门公平公正指标中高分段城市占比较小，说明其他城市与高分段城市有一定的差距，需要向高分段城市学习，继续加强执行部门的公平公正、政策的稳定透明；权利保护和法律救济可及性指标中高分段城市占比较大，但各城市间分值极差最大，说明城市之间呈现两极化趋势，得分靠后的城市要加强对民营企业的权利保护力度，提高民营企业的满意度；消费法治环境指标中高分段城市最多，且分值的极差最小，说明民营企业对各城市在改善消费法治环境方面的工作成果比较满意。

① 《“生态崇明”法治化营商环境服务保障清单》，上海崇明检察，2018 年 7 月 12 日。

第六章

开放与消费环境：基本情况及指标分析

第一节　全国开放与消费环境文献综述

自1978年开始实行对外开放到2017年，我国的贸易伙伴已经从40多个国家和地区发展到231个国家和地区，贸易额从355亿元人民币提高到27.8万亿元人民币，增长了782倍。中国已经是120多个国家和地区的第一大贸易伙伴，累计引进外来直接投资额超过2万亿美元。我国还同25个国家和地区签署了17个自由贸易协定，贸易伙伴遍及亚洲、欧洲、大洋洲、南美洲和非洲。2017年，中国与自贸伙伴的贸易和投资额占中国对外货物贸易、服务贸易、双向投资的比重分别达到25%、51%和67%。2018年，中国货物进出口总额达到4.6万亿美元，与1950年相比，增长超过4000倍，居世界首位。这是中国对外开放40年来取得的重要成果，说明不断加快对外开放步伐是我国社会经济取得快速发展的宝贵经验。①

对外开放作为基本国策，为中国经济发展和社会进步提供了源源不断的动力。外贸规模飞速增长、外商不断涌入的背后是中国坚持不断扩大开放、与世界交融发展。依靠不断加快的开放步伐、兼容并蓄的发展模式，中国与世界各国在谋求发展的道路上携手同行。在全球化时代，

① 姜跃春：《中国对外开放：经济环境的新变化》，《开放导报》2018年第6期，第46页。

互联互通、联动增长是我国提高国际竞争力与影响力、走向共同发展繁荣的必由之路。从发展经济特区、开放沿海城市，到加入世界贸易组织、推广自由贸易试验区，再到提出“一带一路”倡议、举办中国国际进口博览会，一系列举措标志着中国积极地融入世界。

为加大对外开放的力度，我国近年来密集出台相关措施。2018 年 4 月，国家主席习近平在出席博鳌亚洲论坛发表主旨演讲时指出：“中国开放的大门不会关闭，只会越开越大。”[①] 国务院总理李克强在荷兰访问时亦重申，中国将继续扩大对外开放，采取进一步措施扩大市场准入。[②] 与此同时，一系列开放政策陆续发布。2018 年 6 月，国家发改委和商务部接连发布《外商投资准入特别管理措施（负面清单）（2018 年版）》和《自由贸易试验区外商投资准入特别管理措施（负面清单）（2018 年版）》；2018 年 10 月 9 日，在推出全国第一份外商投资负面清单 5 年后，上海自贸区又推出了全国第一份服务贸易领域的负面清单，自同年 11 月 1 日起施行；2018 年 10 月 16 日，《中国（海南）自由贸易试验区总体方案》正式发布，首次明确支持跨国公司、贸易公司建立和发展全球或区域贸易网络，打造区域性离岸贸易中心。这一系列开放政策带来的效果随即显现，外资企业纷纷来华建厂或扩大在华业务规模。

开放的环境不仅能吸引外资进入，也是由中国经济开始迈入高质量发展阶段决定的。过去很长一段时间，中国发展依赖较低的劳动力成本和以价格换取市场等因素，很明显，这类较为粗放的模式难以持续。未来，中国必须更加充分地融入全球市场，营造一流的开放环境，通过全球竞争来增强国内各产业的肌体。

我国的各个省区市为打造国际化营商环境，根据当地特色，积极实行对外开放。例如，陕西自贸区天然具备鲜明的“一带一路”烙印，自然与

---

① 《习近平博鳌演讲：中国开放的大门不会关闭，只会越开越大！》，新华社，2018 年 4 月 10 日。

② 《李克强：中国将继续扩大对外开放力度，采取进一步措施扩大市场准入》，中国新闻网，2018 年 10 月 16 日。

“一带一路”对外开放相结合。服务于企业投资的“走出去”一站式服务平台可为区内企业赴境外投资发展提供法律、政策、投融资、翻译、人力资源、人民币跨境结算等服务。通关便利的电子口岸——国际贸易“单一窗口”除集合标准版的货物申报、舱单申报、交通运输工具申报三项功能以外，还具备“通丝路”、出口水果电子监管及质量追溯系统等特色应用服务功能，可将企业通关时效提高70%以上，为哈萨克斯坦爱菊粮油加工产业园、吉尔吉斯斯坦中大石油炼化产业园、柬埔寨中柬金边经济特区3个重点境外经贸合作园区，以及陕西有色集团印尼200万吨氧化铝项目、陕鼓集团捷克海外研发中心5个境外重点投资项目提供了有效服务。彰显自贸区开放度、自由度指标的行政审批制度改革正在自贸区稳步推进。按照“放得下、接得住、管得好”和“成熟一批下放一批”的原则，下放委托213项省级管理事项，其中包括下放36项、委托177项。为鼓励世界500强企业及大型跨国公司落户，实行“一企一策”。西咸新区片区及其下设的多个功能区，根据区域特点发布总部经济、航空产业、能源金融贸易、大健康产业等五大类招商引资优惠政策，给予落户企业“一企一策”、税收减免、高管奖励、员工落户等多重优惠。杨凌示范区片区致力于打造国际农业交流合作中心，对落户的现代农业企业最高给予3000万元的扶持资金。在自贸区优惠政策的吸引下，海航现代物流、侨城“文化+旅游+城镇化”综合项目、世界苹果中心等一批千亿级投资项目和交易平台已悉数落户陕西自贸区。为在农业科技领域开展交流与合作，杨凌示范区片区发起成立了“中美大学农业推广联盟”，建成面向“一带一路”沿线国家和地区的农业科技服务信息网，开展以农业技术、水土保持、节水灌溉等内容为主题的援外培训业务。为探索国际农业科技“走出去”，杨凌示范区片区还在境外启动建设了中哈现代农业示范园、中美农业科技产业园、中俄现代农业科技园等6个国际合作园区，开展品种研发、土壤改良、农机装备输出、职业农民培训等农业科技商贸服务。[①]

① 屈路影、李晓燕：《陕西提升营商环境打造内陆改革开放新高地》，《中国报道》2018年第4期，第74~76页。

宁波市为优化开放环境、提高民营企业稳定外贸出口能力采取了如下六个方面的措施。第一，鼓励支持民营企业海外参展。进一步扩大短期出口信用保险规模，加大对中小微企业和新兴市场开拓的保障力度，年出口信用保险规模力争达到240亿美元。第二，鼓励保险机构与银行合作开展出口信用保险保单融资，利用保险增信功能为出口企业提供资金保障，年度信保融资支持规模力争达到50亿元。第三，开通绿色通道，对市外贸实效企业，税务机关出口退税部门实行专人管理、专人审核及审批。为支持民营企业“走出去”，实施宁波本土跨国公司培育计划，到2021年，力争打造6家营收100亿元以上、1家营收1000亿元以上的大型跨国公司。支持有条件的民营企业“抱团出海”，力争在“一带一路”沿线国家和地区合作新建一批境外产业园区，支持申报国家级、省级境外经贸合作区。第四，鼓励金融机构发展海外投资保险、对外工程保险等业务，探索境外投资跨部门审批联动机制，加强商务、发改、外管等部门的协作与信息共享，推行“一窗通办”的监管模式。第五，加快进口贸易发展。大力培育本土龙头型消费品进口企业，加大对代理商、渠道商的扶持力度，支持企业打造辐射全国的进口分销网络。争取全面推广复制自贸区政策，完善口岸监管政策，提升海关特殊监管区域高端进口平台功能。推进中国（宁波）跨境电子商务综合试验区建设，深化线上企业综合服务平台建设。第六，深化口岸贸易便利化改革。整合现有业务流程，推广应用“一次申报、分步处置”和“进口直通、出口直放”通关模式，推进一次性联合检查，进一步压缩口岸放行时间，开展口岸整体通关时效第三方评估。全面实现海运提单换取提货单（小提单）、设备交接单和装箱单等物流单证流转电子化。深化中国－中东欧国家贸易便利化检验检疫试验区建设，加快推进贸易便利化创新措施全面落地。[①]

在东北地区，面向东北亚的多类型、多层级、广覆盖对外开放平台

① 《优化开放环境 提升民营企业国际化水平》，《宁波经济（财经视点）》2019年第1期，第24页。

体系已现雏形，并相继设立大连金普新区、哈尔滨新区、长春新区三个国家级新区，成立中国（辽宁）自由贸易试验区并建设沈阳、大连、营口三个片区。此外，东北地区高铁已初步呈现蛛网状，辽宁正在打造“辽满欧”“辽海欧”“辽蒙欧”三条承南启北、面向欧洲的综合交通运输大通道，快速发展的互联互通基础设施建设有效帮助了东北连接日本、韩国、俄罗斯和欧洲各地。辽宁扎实推进自贸试验区建设，123 项改革试点任务已落地 96 项，落地率达到 78%；全省 85 个省级以上经济开发区、15 个省级以上高新技术产业园区实现经济总量占全省的 30% 以上；达沃斯论坛影响力不断增强，在伊朗、印度、印度尼西亚、罗马尼亚、乌干达等国投资建设的境外园区初具规模，东北电力孟加拉电站、中远船务巴西石油等一批重大国际合作项目取得实质性进展。从开放成效看，黑龙江与近 60 个“一带一路”共建国开展经贸合作，扎实推进“中蒙俄经济走廊”建设，与俄罗斯共同建设 18 个经贸合作区，成为雀巢、沃尔沃等众多外资企业的重要投资目的地，初步构建起以对俄合作为重点的全方位对外开放格局。吉林推进大图们江区域经贸合作，成为我国参与东北亚地区合作的重要平台，新能源汽车、智能网联汽车等吉林“智”造走向国际市场。① 这些努力与成效标志着我国东北老工业基地对外开放水平不断提升，开放环境越来越好。

但是，我国对外开放环境仍然存在一些问题。例如，一些地方的市场准入和外资国民待遇条件仍有待改善。2018 年以来，中央明确了进一步扩大利用外资的方向及有关领域，并加快了金融、保险和证券领域的扩大开放举措，但有关领域开放的具体政策尚不明晰，难以操作，特别是部分垄断行业利用外资的阻力还比较大。而且在部分领域外商投资的国民待遇问题也对外商投资的积极性产生了负面影响，尤其是在部分产业的投资股比限制以及在高新技术领域和产品研发等方面，还有些技术操作问题有待解决。目前外商投资企业的兴趣恰恰集

① 姜增伟：《以深化开放合作助力东北振兴》，《中国金融》2019 年第 10 期，第 9 页。

中在服务业和高新技术领域合资合作内容方面，所以转变观念、加快已明确开放政策的落地是突破利用外资打破僵局的关键一环。[①] 在云南省，虽然反垄断法已经推行多年，但部分地区领导干部的地方保护主义思想仍然存在，在当地出台的规范性文件中依然存在行政垄断的内容，如某州级政府曾发文禁止外省食盐进入本州市场。这种现象制约了云南省开放环境的进一步改善，限制了外部市场主体进入云南省投资、经营，不利于云南省经济的可持续发展。[②] 因此，我国应持续推进“放管服”改革、大幅放宽金融业市场准入门槛、出台外商投资法、实施市场准入负面清单制度等，以激发内生活力和创造力，营造公平公正的竞争环境。

消费环境是居民以及企业基本的生活环境，有研究指出其对营造一流的营商环境、促进我国经济发展具有重要的现实意义。第一，令人放心的消费环境有助于推动建设让消费者放心、投资者安心、劳动者有尊严的营商友好型社会。可以说，消费者满意度是衡量小康社会的重要指标，放心消费创建活动能提高人民的幸福感和获得感。第二，有助于全面深化改革。改革的核心是正确处理政府和市场的关系。在市场“无形之手”失灵的时候，政府“有形之手”就要发挥作用。因此，放心消费创建活动是深化工商和市场监管系统改革的重大举措。第三，有助于推进“法治中国”建设。消费者权益保护水平是一个国家、一个社会法治化水平的重要标杆，也是实施良法善治的试验田。第四，有助于贯彻落实全面从严治党要求。不作为也是一种腐败，放心消费创建活动是让工商和市场监管干部敢于担当、勤勉尽责的有力抓手。第五，有助于增强企业核心竞争力。放心消费创建活动能激发企业活力，提升消费者信心，使产品和服务更有竞争力。第六，有助于推动实体经济发展。放心消费创建活动在很大程度上能整治互联网金融等投资，让实体经济回到平稳、

---

① 霍建国：《打造国际化营商环境　推进高水平对外开放》，《中国发展观察》2019 年第 6 期，第 45 页。

② 何芳：《云南省法治化营商环境建设研究》，《创造》2019 年第 1 期，第 76 页。

可持续的良好发展轨道上来。①

基于消费环境的重要意义，我国不同地区近些年努力营造安全、放心、和谐的消费环境。例如，江苏省委、省政府始终高度重视消费维权工作，将消费维权工作作为稳增长、促改革、调结构、惠民生的重要任务来抓。江苏省工商局围绕中心、服务大局、勇于担当、锐意创新，以全省放心消费创建活动为载体，以提高消费环境安全度、经营者诚信度和消费者满意度为目标，始终坚持政府主导，始终坚持社会共治，始终坚持源头治理，始终坚持法治保障，积极构建消费维权工作新机制。经过多年努力，江苏省放心消费创建活动取得了显著成效：一是各级党委政府高度重视消费维权工作，社会各界齐抓共管格局基本形成；二是市场监管执法效能显著提升，市场秩序和消费环境明显改善；三是基层消费维权网络建设不断加强，消费纠纷得到妥善解决；四是企业诚信意识普遍增强，主体责任得到较好落实；五是广大人民群众踊跃参与，消费维权工作社会认同有效提升，为江苏经济社会持续健康发展和实现“迈上新台阶、建设新江苏”目标做出了积极贡献②，得到了中宣部、中央文明办、国家工商总局等有关部门的充分肯定和社会各界的普遍认可。

为了探讨我国开放与消费环境的现状，本章将从对企业的限制，民营企业与国有企业不公平竞争情况，大企业的市场垄断情况，地方保护情况，企业之间公平竞争秩序的总体情况，假冒伪劣商品与价格欺诈，虚假广告宣传，使用、伪造他人商标、标识、包装等几个方面全面分析我国民营企业对当前开放与消费环境的态度与评价。

第二节　企业限制与不公平竞争

我国实行的是以公有制为主体、多种所有制经济共同发展的基本经

① 刘俊海、孙颖、杨坚争：《放心消费创建是优化消费环境的主旋律》，《中国市场监管研究》2017 年第 8 期，第 11 页。

② 《全国工商系统开展放心消费创建活动现场会在本州市举办》，中国政府网，http://www.gov.cn/gvowuyuan/2015-09/11/content_2929550.htm。

济制度，非公有制经济是我国社会主义市场经济的重要组成部分，党的十九大把“两个毫不动摇”写入新时代坚持和发展中国特色社会主义的基本方略。在党中央的关怀和支持下，我国民营企业不断发展壮大，已经成为推动我国经济发展不可或缺的力量。不同所有制主体在市场准入、退出、资质许可等方面应该得到完全公平对待。歧视性或限制性政策是民营企业发展过程中的难点与堵点。它不利于激发市场活力，进而无法营造一个良好的开放环境；不利于吸引外来企业的投资，进而延缓中国市场日益壮大的步伐。本节通过分析对私营企业设置歧视性的市场准入和退出条件，对商品、服务实行歧视性价格和歧视性补贴政策，以及在招投标中排斥、限制或设置特殊条件三个方面的现状来从总体上考察对民营企业的限制情况。

要让新时代的民营企业与时俱进、创新发展壮大，就必须把民营企业作为平等的市场主体，着力营造公平竞争的市场环境，真正让民间资本投资有门、投有所报，这是培育新的经济增长点、激发新动力的关键之举，是践行习近平总书记“营造国际一流营商环境”要求、推动经济实现高质量发展的重要突破口。本节从民营企业与国有企业不公平竞争情况、大企业的市场垄断情况、地方保护情况和企业之间公平竞争秩序的总体情况四个方面来考察我国开放环境的现状。

一　对私营企业设置歧视性的市场准入和退出条件

根据表 6－1 可知，在 34 个参与调查的城市中，只有不足 10% 的民营企业认为当地存在对私营企业设置歧视性的市场准入和退出条件的情况的城市有 25 个，分别是广州市、南京市、天津市、海口市、西安市、石家庄市、成都市、贵阳市、福州市、郑州市、昆明市、杭州市、长春市、宁波市、武汉市、大连市、太原市、上海市、哈尔滨市、济南市、厦门市、南昌市、长沙市、北京市和沈阳市，占比为 73.5%，说明大部分城市市场较为开放。其中，广州市没有、南京市仅有不到 1% 的民营企业认为当地存在对私营企业设置歧视性的市场准入和退出条件的情况。

10%~20%的民营企业认为当地存在对私营企业设置歧视性的市场准入和退出条件情况的城市有6个，占比为17.6%。超过20%的民营企业认为存在此种情况的城市有3个，占比为9%。

表6-1 不同城市民营企业认为当地存在对私营企业设置歧视性的市场准入和退出条件的情况（前10名）

单位：%

排名	城市	百分比
1	广州市	0.0
2	南京市	0.5
3	天津市	2.3
4	海口市	2.8
5	西安市	2.9
6	石家庄市	3.5
7	成都市	3.7
8	贵阳市	3.8
9	福州市	4.0
10	郑州市	4.4

二 对商品、服务实行歧视性价格和歧视性补贴政策

和上述结果类似，大部分城市很少出现对商品、服务实行歧视性价格和歧视性补贴政策的情况。如表6-2所示，在34个城市中，不超过10%的民营企业认为当地存在对商品、服务实行歧视性价格和歧视性补贴政策的情况的城市有28个，分别是广州市、南京市、西安市、海口市、福州市、昆明市、石家庄市、天津市、武汉市、太原市、贵阳市、杭州市、长春市、长沙市、郑州市、南昌市和哈尔滨市、宁波市、上海市、大连市、济南市、南宁市、成都市、乌鲁木齐市、北京市、合肥市、厦门市、兰州市，占比为82.4%。此外，还有5个城市有10%~20%的民营企业认为当地存在对商品、服务实行歧视性价格和歧视性补贴政策的情况，占比为14.7%。超过20%的民营企业认

为当地存在对商品、服务实行歧视性价格和歧视性补贴政策情况的城市只有 1 个，占比为 2.9%。

表 6－2　不同城市民营企业认为当地存在对商品、服务实行歧视性价格和歧视性补贴政策的情况（前 10 名）

单位：%

排名	城市	百分比
1	广州市	0.0
2	南京市	0.7
3	西安市	1.6
4	海口市	2.4
5	福州市	2.5
6	昆明市	2.8
7	石家庄市	3.0
8	天津市	3.4
9	武汉市	3.4
10	太原市	4.1

三　在招投标中排斥、限制或设置特殊条件

表 6－3 展示了不同城市民营企业认为当地存在在招投标中排斥、限制或设置特殊条件的情况。在参与调查的 34 个城市中，10% 以下的民营企业认为当地存在在招投标中排斥、限制或设置特殊条件情况的城市有 21 个，分别是广州市、天津市、南京市、贵阳市、长春市、福州市、哈尔滨市、武汉市、杭州市、石家庄市、西安市、大连市、南昌市、济南市、上海市、厦门市、郑州市、昆明市、海口市、太原市和宁波市，占比为 61.8%；10%～20% 的民营企业认为当地存在在招投标中排斥、限制或设置特殊条件情况的城市有 10 个，占比为 29.4%；超过 20% 的民营企业认为当地存在在招投标中排斥、限制或设置特殊条件情况的城市有 3 个，占比为 8.8%。

表 6-3 不同城市民营企业认为当地存在在招投标中排斥、限制或设置特殊条件的情况（前 10 名）

单位：%

排名	城市	百分比
1	广州市	0.0
2	天津市	1.1
3	南京市	1.9
4	贵阳市	3.5
5	长春市	4.2
6	福州市	4.6
7	哈尔滨市	5.4
8	武汉市	6.1
9	杭州市	6.1
10	石家庄市	6.2

四 民营企业与国有企业不公平竞争情况

根据对民营企业与国有企业不公平竞争程度的主观评测规则，在总分为 5 分的评测中，得分为 1～2 分表示评价较低，说明民营企业对当前民营企业与国有企业不公平竞争程度不满意；3 分表示评价一般；4～5 分表示评价较高，说明民营企业对当前民营企业与国有企业不公平竞争程度满意。从整体上看，我国民营企业对民营企业与国有企业不公平竞争程度评价较高，平均得分为 4.01 分。

在参与评测的城市中，只有广州市、杭州市、哈尔滨市 3 个城市 90% 以上的民营企业对民营企业与国有企业不公平竞争程度表示满意，占比为 8.8%（见表 6-4）；80%～90% 的民营企业对民营企业与国有企业不公平竞争程度表示满意的城市有 8 个，分别是武汉市、西安市、长春市、海口市、天津市、成都市、福州市和大连市，占比为 23.5%；70%～80% 的民营企业对其表示满意的城市有 10 个，分别是南宁市、南京市、石家庄市、宁波市、银川市、南昌市、合肥市、北京市、上海市和济南市，占比为 29.4%；70% 以下的民营企业对上述情况表示满意的城市有 13 个，占比为 38.2%。

表 6 -4 不同城市民营企业对民营企业与国有企业不公平竞争程度的满意情况（前 10 名）

单位：%

排名	城市	百分比
1	广州市	100.0
2	杭州市	92.7
3	哈尔滨市	90.8
4	武汉市	89.6
5	西安市	85.8
6	长春市	85.5
7	海口市	85.0
8	天津市	83.7
9	成都市	82.1
10	福州市	81.5

五 大企业的市场垄断情况

对大企业市场垄断程度的评价同样采取民营企业主观评测的方式，满分为 5 分，分值越高表示评价越高。其中，1 ~ 2 分表示评价较低，对大企业市场垄断程度不太满意；3 分表示评价一般；4 ~ 5 分表示评价较高，对大企业市场垄断程度表示满意。民营企业对大企业市场垄断程度评价的平均得分为 3.99 分，表明目前民营企业对大企业市场垄断程度的评价接近较高水平。

从不同城市的角度看（见表 6 -5），在 34 个参评的城市中，90% 以上的民营企业对当地大企业市场垄断程度表示满意的城市只有 3 个，分别是广州市、杭州市和哈尔滨市，占比为 8.8%；80% ~ 90% 的民营企业对当地大企业市场垄断程度表示满意的城市有 6 个，分别是武汉市、长春市、西安市、福州市、天津市和海口市，占比为 17.6%；70% ~ 80% 的民营企业对此表示满意的城市有 13 个，分别是石家庄市、南宁市、大连市、南京市、宁波市、银川市、合肥市、成都市、北京市、济南市、南昌市、上海市和郑州市，占比为38.2%；不足70%的民营企业对前述现象表示满意的城市有12个，占比为35.3%。

表6-5 不同城市民营企业对大企业市场垄断程度的满意情况（前10名）

单位：%

排名	城市	百分比
1	广州市	100.0
2	杭州市	91.8
3	哈尔滨市	90.8
4	武汉市	89.3
5	长春市	85.2
6	西安市	83.9
7	福州市	82.0
8	天津市	81.5
9	海口市	81.4
10	石家庄市	79.6

六 地方保护情况

地方保护是地方作为一个独立的利益主体因追求自身利益而采取地方保护主义的行为。一些"狭隘"的地方保护手段与时代发展趋势、市场完善趋势相对立的矛盾冲突日益凸显，破坏了市场竞争秩序，阻碍了我国一流营商环境的建设。本研究对地方保护程度的评测主要采取主观评价的方式，由民营企业给"地方保护程度"打分，最低分为1分，最高分为5分，得分在1~2分表示评价较低，对全国地方保护程度不满意；3分表示评价一般；分值在4~5分表示评价较高，对地方保护程度满意。根据数据分析结果，民营企业对地方保护程度评价的平均得分为4.03分，评价较高，说明整体上我国民营企业对地方保护的情况持肯定态度。

表6-6展示了不同城市民营企业对当地地方保护程度的满意情况，

在 34 个参与调查的城市中，对当地地方保护程度表示满意的民营企业占比不足 80% 的城市有 25 个，仅有 26.5% 的城市有 80% 以上的民营企业对当地地方保护程度表示满意。其中，广州市、哈尔滨市、杭州市和武汉市均有 90% 以上的民营企业对当地地方保护程度表示满意。80% ~ 90% 的民营企业对当地地方保护程度表示满意的城市有 5 个，分别是长春市、西安市、南宁市、大连市和海口市，占比为 14.7%。

表 6－6　不同城市民营企业对当地地方保护程度的满意情况（前 10 名）

单位：%

排名	城市	百分比
1	广州市	100.0
2	哈尔滨市	93.1
3	杭州市	92.7
4	武汉市	90.1
5	长春市	88.3
6	西安市	87.4
7	南宁市	82.6
8	大连市	81.8
9	海口市	80.6
10	福州市	79.6

七　企业之间公平竞争秩序的总体情况

维持公平的竞争秩序是市场经济可持续发展的必然要求。本研究对企业之间公平竞争秩序的总体情况的评测主要采取主观评价的方式，由 34 个城市参与调研的民营企业打分，最低分为 1 分，最高分为 5 分。分值为 1 ~ 2 分表示评价较低，对企业之间公平竞争秩序的总体情况不满意；分值为 3 分表示评价一般；分值为 4 ~ 5 分表示评价较高，对企业之间公平竞争秩序的总体情况表示满意。通过统计分析，民营企业对企业之间公平竞争秩序的总体情况评价的平均得分为 4.30 分，评价较高，说明整体上我国民营企业对企业之间公平竞争秩序的总体情况表示满意。

根据表 6－7 的数据分析可知，在 34 个参与调研的城市中，90% 以上的民营企业对企业之间公平竞争秩序的总体情况表示满意的城市有 8 个，分别是广州市、南京市、杭州市、哈尔滨市、武汉市、福州市、南宁市和西安市，占比为 23.5%；80%～90% 的民营企业对企业之间公平竞争秩序的总体情况表示满意的城市有 13 个，分别是长春市、天津市、石家庄市、宁波市、大连市、济南市、郑州市、太原市、海口市、南昌市、深圳市、上海市和合肥市，占比为 38.2%；70%～80% 的民营企业对企业之间公平竞争秩序的总体情况表示满意的城市有 8 个，占比为 23.5%；70% 以下的民营企业对企业之间公平竞争秩序的总体情况表示满意的城市有 5 个，占比为 14.7%。

表 6－7　不同城市民营企业对企业之间公平竞争秩序的总体满意情况（前 10 名）

单位：%

排名	城市	百分比
1	广州市	100.0
2	南京市	98.4
3	杭州市	97.1
4	哈尔滨市	94.6
5	武汉市	93.6
6	福州市	91.9
7	南宁市	90.3
8	西安市	90.2
9	长春市	89.3
10	天津市	89.1

第三节　消费环境存在的问题

消费环境出现问题，不仅会危害消费者的健康安全和企业的平稳运行，也会损害我国产品的形象，在国际上造成不良影响，无法吸引外商投资，影响我国一流营商环境的建设。因此，营造放心消费环境，当好消费者权益的保护者对我国经济发展和营商环境建设具有重大意义。通常，消费环境存在的问题包括假冒伪劣商品与价格欺诈，虚假广告宣传，以及使用、伪造他人商标、标识、包装等。本节将从上述几个方面来探究我国的消费环境现状。

一　假冒伪劣商品与价格欺诈

从存在假冒伪劣商品的情况来看（见表6-8），在34个参与调研的城市中，不超过10%的民营企业认为当地存在假冒伪劣商品情况的城市有7个，分别是广州市、杭州市、南京市、重庆市、成都市、昆明市、海口市，占比为20.6%；10%~20%的民营企业认为当地存在假冒伪劣商品情况的城市有10个，分别是呼和浩特市、深圳市、长沙市、上海市、乌鲁木齐市、厦门市、天津市、兰州市、西宁市和济南市，占比为29.4%；20%~30%的民营企业认为当地存在假冒伪劣商品情况的城市有9个，占比为26.5%；30%以上的民营企业认为当地存在此种情况的城市有8个，占比为23.5%。

表6-8　不同城市民营企业认为当地存在假冒伪劣商品的情况（前10名）

单位：%

排名	城市	百分比
1	广州市	0.0
2	杭州市	2.4
3	南京市	4.2
4	重庆市	4.5
5	成都市	7.1
6	昆明市	7.4
7	海口市	8.5
8	呼和浩特市	10.2
9	深圳市	11.2
10	长沙市	12.7

从存在价格欺诈的情况来看（见表6－9），在34个参与调研的城市中，不超过10%的民营企业认为当地存在价格欺诈情况的城市只有6个，分别是广州市、杭州市、南京市、重庆市、成都市和昆明市，占比为17.6%；10%～20%的民营企业认为当地存在价格欺诈情况的城市有7个，分别是海口市、呼和浩特市、长沙市、上海市、天津市、厦门市和乌鲁木齐市，占比为20.6%；20%～30%的民营企业认为当地存在价格欺诈情况的城市有10个，占比为29.4%；30%以上的民营企业认为此种情况在当地存在的城市有11个，占比为32.4%。

表6－9　不同城市民营企业认为当地存在价格欺诈的情况（前10名）

单位：%

排名	城市	百分比
1	广州市	1.0
2	杭州市	1.8
3	南京市	2.1
4	重庆市	4.5
5	成都市	7.1
6	昆明市	9.8
7	海口市	11.7
8	呼和浩特市	15.4
9	长沙市	15.5
10	上海市	15.7

二　虚假广告宣传

表6－10展示了不同城市民营企业认为当地存在虚假广告宣传的情况。在34个参与调研的城市中，只有广州市、重庆市、南京市、杭州市和昆明市5个城市认为当地存在虚假广告宣传情况的民营企业占比不超过10%，占比为14.7%；10%～20%的民营企业认为当地存在虚假广告宣传情况的城市有11个，分别是海口市、长沙市、呼和浩特市、乌鲁木

齐市、上海市、成都市、天津市、兰州市、厦门市、济南市和西宁市，占比为32.4%；20%～30%的民营企业认为当地存在虚假广告宣传情况的城市有8个，占比为23.5%；30%以上的民营企业认为此种情况在当地存在的城市有10个，占比为29.4%。

表6－10　不同城市民营企业认为当地存在虚假广告宣传的情况（前10名）

单位：%

排名	城市	百分比
1	广州市	0.0
2	重庆市	4.5
3	南京市	4.6
4	杭州市	5.5
5	昆明市	7.2
6	海口市	10.9
7	长沙市	11.1
8	呼和浩特市	12.8
9	乌鲁木齐市	13.0
10	上海市	13.6

三　使用、伪造他人商标、标识、包装等

表6－11展示了不同城市民营企业认为当地存在使用、伪造他人商标、标识、包装等的情况。在34个参与调研的城市中，广州市、南京市、杭州市和重庆市均有不超过10%的民营企业认为当地存在使用、伪造他人商标、标识、包装等情况，占比为11.8%；10%～20%的民营企业认为当地存在使用、伪造他人商标、标识、包装等情况的城市有8个，分别是昆明市、长沙市、呼和浩特市、上海市、海口市、厦门市、乌鲁木齐市和兰州市，占比为23.5%；20%～30%的民营企业认为当地存在使用、伪造他人商标、标识、包装等情况的城市有9个，占比为26.5%；30%以上的民营企业认为此种情况在当地存在的城市有13个，占比为38.2%。

表 6-11　不同城市民营企业认为当地存在使用、伪造他人商标、标识、包装等的情况（前 10 名）

单位：%

排名	城市	百分比
1	广州市	0.0
2	南京市	2.1
3	杭州市	2.6
4	重庆市	9.1
5	昆明市	11.0
6	长沙市	15.7
7	呼和浩特市	16.9
8	上海市	16.9
9	海口市	17.4
10	厦门市	19.0

上述数据分析结果表明我国市场环境较为开放。具体来说，民营企业对民营企业与国有企业不公平竞争程度评价较高，平均评分为 4.01 分；对我国当前大企业市场垄断程度的平均评分为 3.99 分，评价接近较高水平；对我国地方保护程度的平均评分为 4.03 分，评价较高，说明民营企业对地方保护的情况持肯定态度；对企业之间公平竞争秩序的总体情况的平均评分为 4.30 分，说明民营企业对企业之间公平竞争秩序的总体情况表示满意。此外，在 34 个参与主观测评的城市中，只有不足 10% 的民营企业认为当地存在对私营企业设置歧视性的市场准入和退出条件情况的城市有 25 个，占比为 73.5%；仅有不超过 10% 的民营企业认为当地存在对商品、服务实行歧视性价格和歧视性补贴政策情况的城市有 28 个，占比为 82.4%；10% 以下的民营企业认为当地存在在招投标中排斥、限制或设置特殊条件情况的城市有 21 个，占比为 61.8%。由此可见，民营企业对当前我国开放环境评价很高，大部分城市的大多数民营企业对当地开放环境表示满意，虽然我国开放环境赢得了民营企业的认可，但仍存在进一步完善的空间。

外商投资是衡量一国经济健康程度和发展信心的重要指标。当前，我国应通过继续扩大开放营造良好的开放环境，这样既能吸引外资促进中国经济持续发展和转型升级，也能让全世界分享中国经济发展成果。

第四节　开放与消费环境指标构建及分析

一　指标介绍

开放与消费环境是经济健康、快速发展的必要条件，营造公平、开放的市场竞争环境对当地企业的发展至关重要。根据世界银行制定的营商环境评估准则，本研究将民营企业对开放与消费环境的评价划分为两个指标，分别是民营企业公平竞争环境、大型企业垄断和限制竞争情况。

民营企业公平竞争环境主要指民营企业对政府为当地企业营造的竞争环境的公平程度的主观测评。对民营企业公平竞争环境的评价包括以下几个方面：民营企业受政府重视情况、民营企业通过正规途径获取政策信息程度和各类促进民营企业发展优惠政策落实到位程度。

大型企业垄断和限制竞争情况是指民营企业对具有经济优势力量的经营者滥用其经济实力或者政府及其部门滥用行政权力所实施的限制竞争行为的主观测评。对大型企业垄断和限制竞争情况的评价包括以下几个方面：民营企业与国有企业不公平竞争程度、大企业的市场垄断程度、地方保护程度和限制竞争情况。

本研究根据相关参数对上述几项指标进行计算，得出每个城市在每项指标上的得分，再依据相关规则，对指标进行加权处理，计算得出每个城市在该项指标上的总得分，即开放与消费环境评价得分。

二　开放与消费环境分析

本研究对各城市开放与消费环境指标的分析主要依据当地民营企业的主观测评。根据民营企业对调查问卷题目的评分，结合当地统计年鉴中的相关统计数据，本节将对总体开放与消费环境及其次级指标进行具体分析。

（一）总体开放与消费环境分析

根据民营企业对开放与消费环境的主观测评得分计算结果，从总体来看（见图6－1），参与调查的城市在开放与消费环境指标上的得分较低。调查结果显示，开放与消费环境指数得分在90分以上的城市有6个，占比为18%，分别是深圳市、广州市、南京市、杭州市、宁波市和北京市；得分在80～90分的城市有3个，占比为9%，分别是上海市、济南市和重庆市；得分在70～80分的城市有8个，占比为24%，分别是合肥市、郑州市、武汉市、厦门市、福州市、成都市、石家庄市和银川市；其余城市的得分均在70分以下。

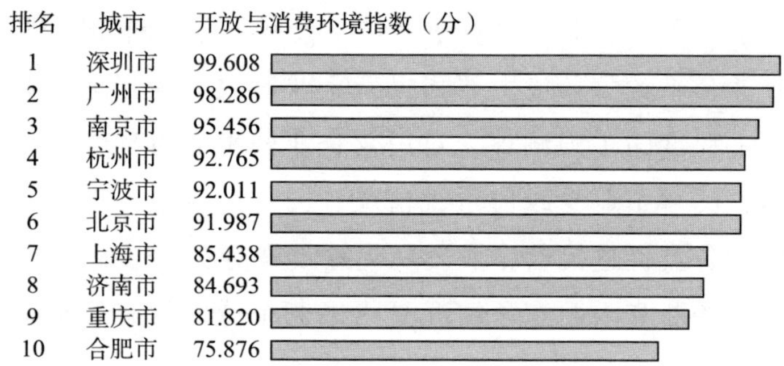

图6－1　2018年参评城市开放与消费环境指数（前10名）

调查显示，开放与消费环境指标排名前三的城市分别是深圳市、广州市和南京市。开放与消费环境指标的二级指标中，民营企业公平竞争环境指数得分排名第一的城市是广州市，大型企业垄断和限制竞争情况指数得分排名第一的城市是深圳市。

（二）民营企业公平竞争环境

根据民营企业对民营企业公平竞争环境的主观测评结果，从总体来看，被调查城市在该指标上的得分呈两极分化，大部分城市得分较高，少数几个城市得分较低。数据显示（见图6－2），得分在0.9分以上的城市有8个，占比为24%，分别是广州市、深圳市、杭州市、南京市、宁波市、北京市、上海市和天津市；得分在0.8～0.9分的城市有15个，占比为44%，分别是济南市、成都市、武汉市、重庆市、石家庄市、厦门市、合肥市、福州市、长沙市、大连市、西安市、贵阳市、郑州市、南宁市和哈尔滨市；其余城市的得分均在 0.8 分以下。

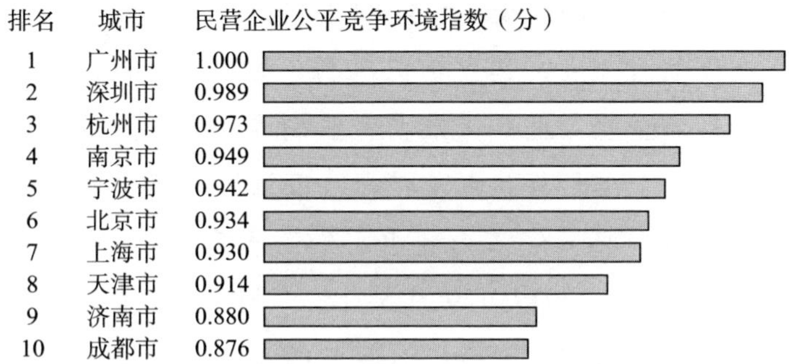

图 6－2　2018 年参评城市民营企业公平竞争环境指数（前 10 名）

广州市在民营企业公平竞争环境指标上的得分相对较高源于广州市委、市政府对民营经济发展的重视和支持。早在 1993 年，广州市委、市政府就出台了《关于加快个体和私营经济发展的决定》，对个体工商户和私营企业放宽经营范围、放宽财税政策和信贷政策；提高设备折旧率；支持个体私营企业扩大出口，对其商品出口收汇给予留成；鼓励企业拓展市场；给予符合条件的个体、私营企业进出口权，支持个体、私营企业出国考察和从事经济活动；解决个体、私营企业生产经营场地；设立个体、私营企业试验区等问题做出了规定。1997 年，广州市人大颁布了《广州市私营企业权益保护条例》，以地方法规的方式加强对私营企业的生产经营活动及合法财产权等合法权益的保护。1998 年，广州市政府批转了市外经贸委《关于鼓励私营企业开展国际经贸活动的若干意见》，以政府提供相应的服务和支持措施，鼓励私营企业开展国际经贸活动。1998 年，广州市委、市政府出台《关于进一步促进个体、私营经济发展的补充规定》，支持、引导个体、私营企业参与国有中小企业的改革；鼓励私营企业参与高新技术产业开发；鼓励下岗人员和大中专毕业生到私营企业工作；给来穗开办个体工商户或私营企业中有突出贡献的外地人员申请入户；规范前置审批项目和审批程序，并对个体工商户和私营企业实行平等的信贷政策。2000 年，广州市委、市政府出台了《关于加强个体、私营经济工作的若干意见》，进一步提出切实加强对个体、私营经济的领导工作；认真落实政策，积极扶持个体私营经济的发展；依靠技术创新，发挥私营高新技术企业的作用；改革前置审批，推行“并联审批”和备案管理制度；建立担保机制，为个体私营经济发展提供信贷服务；清理挂靠企业，进一步推动企业制度创新；查处无照经营，加强规范管理，促进个体私营健康发展等政策意见。2002 年，广州市出台了《关于促进个体、私营经济上新水平的若干意见》，制定了支持民营经济发展的 40 条规定。2017 年 9 月 5 日，广州市召开促进民营经济发展大会，这是近年来广州市委、市政府召开的关于民营经济发展规格最高的一次会议。这次会议的最大亮点是正式发布了《中共广州市委、广州市人民政府关于促进民营经济发展的若干措施》。2018 年 9 月 7 日，广州市委书记张硕辅到雪松控股集团、广州金域检验集团、燃石医学检验所等民营企业调研，认真听取企业意见建议，并考察了广州国际生物岛规划建设及园区产业发展情况，研究部署下一步重点工作。①

（三）大型企业垄断和限制竞争情况

根据民营企业对大型企业垄断和限制竞争情况的主观测评结果，从总体来看，参评城市在该指标上的得分普遍偏低。数据显示（见图 6－3），得分在 0.9 分以上的城市有 6 个，占比为 17.6%，分别是深圳市、广州市、南京市、北京市、宁波市和杭州市；得分在 0.8～0.9 分的城市有 2 个，占比为 5.9%，分别是济南市和上海市；得分在 0.7～0.8 分的城市有 3 个，占比为 8.8%，分别是重庆市、郑州市和合肥市；得分在 0.7 分以下的城市有 23 个，占比为 67.6%。

根据民营企业的评分可知，在大型企业垄断和限制竞争方面，深圳市的工作效果最显著，获得了广大民营企业的认可。抵制大型企业垄断和不良竞争一直是深圳市的工作重点，这也是深圳市民营企业蓬勃发展的重要原因。2018 年 10 月 26 日，深圳市委原常委、副市长张思平在

① 《营造高水平营商环境　助推企业高质量发展》，《广州时报》2018 年 9 月 8 日。

图 6-3　2018 年参评城市大型企业垄断和限制竞争情况指数（前 10 名）

“科技与创新 2018——全球智能化商业峰会”上谈到深圳高科技产业发展时表示，应时刻警惕和防止“国进民退”现象在深圳出现，防止“大国企”“强政府”“形象工程”思维对高科技和现代产业体系发展的影响，坚定不移融入世界经济体系和经济全球化之中。张思平认为深圳市高科技崛起的根本原因是邓小平同志所确定的改革开放大方向，是深圳市几十年来坚持市场经济取向的改革，是在正确处理政府与市场、民营企业与国有企业、自主创新与对外开放等方面大胆探索和实践，并取得一系列制度创新成就。张思平的观点在很大程度上代表了深圳市对民营企业发展的态度。深圳市高科技的崛起应归功于长期以来形成的以民营企业为主体、以国有企业为保障的产权制度和所有制结构的创新。

分析深圳市民营企业蓬勃发展的原因时可以发现，关于民营经济的发展，一直有着“深圳之问”。十几年前，“深圳之问”经常出现在兄弟省市的考察接待中：为什么深圳能够培育出华为？现在的“深圳之问”，定时出现在《财富》世界 500 强的榜单公布之际：为什么世界级民营企业在深圳群体性崛起？在 2018 年的榜单上，深圳拥有 7 家世界 500 强企业。没有一个“中字头”，没有一支“国家队”，而且拥有中国民营企业前三强，以至于有评论称“深圳是中国民企第一城”。成为民营经济第一城，是深圳不断营造更好发展环境的结果，也是深圳持续不断坚持制度创新的结果。率先建设社会主义现代化先行区，深圳将营商环境改革作为重要抓手。深圳市 2018 年的政府一号文件，便是被称为“营商环境改革20条”的《关于加大营商环境改革力度的若干措施》。深圳市明确提出，将努力率先营造服务效率最高、管理最规范、市场最具活力、综合成本最佳的国际一流营商环境。深圳市委书记王伟中在2018年7月的市委六届十次全会上强调，要抓紧抓实营商环境改革这个“牛鼻子”，以营商环境改革撬动各领域改革协同推进，始终站在改革开放最前沿。城市竞争力最重要的还是有一个公平竞争的市场环境和比较完善的市场机制。

深圳市的开放与消费环境营造一直走在全国前列，为其他城市开放与消费环境的改善提供了大量先进经验。深圳市民营企业的迅猛发展，进一步说明了良好的开放与消费环境对民营企业发展的重要性。全国其他城市应向深圳市学习先进经验，进一步提升开放与消费环境质量，为民营企业的发展提供良好的营商环境。

第七章

整体营商环境：基本情况及指标分析

第一节 全国营商环境文献综述

“营商环境”这一概念是从“投资环境”概念发展而来的。从“投资环境”到“营商环境”的演变，体现为视域逐渐扩大、认识不断深化以及重心发生变化。早在20世纪八九十年代，“投资环境”概念已经被国内外广泛使用，国家、地区、城市用投资环境指标体系来评价投资条件的完备程度。投资环境是指一个国家或地区给外商投资提供的各种条件的总和，是一个多层次、多要素的综合整体。[①]“投资环境”这一概念出现的时候，营商活动已经存在，选择和使用“投资环境”这一概念主要是由于当时的时代特征和发展重心，决定了“投资”这一考察问题的角度和着眼点。随着经济全球化发展和许多国家开放程度提高，外资成为国家和区域，特别是发展中国家和地区经济发展的主导性资源，吸引外商投资是发展的便捷途径和有效方法。“当时主要是从外商投资的角度观察一个地区的发展环境，所以也有投资营商环境的说法。”各地为了赢得外商投资，争先恐后地围绕吸引外商投资来塑造环境。在这种背

① 肖周录、杨向卫编著《西部地区外商投资环境研究》，西北工业大学出版社，2008，第17～24页。

景下，投资环境具有实际意义和操作价值，提倡营造投资环境或国际化投资环境，可谓抓住了“投资”这个关键和核心，因而是符合时代需要的策略选择。一方面，完全按照外商的需求和规范建设投资环境，目标是让外商满意，从而吸引更多的外商来投资。例如，天津经济技术开发区在20世纪80年代中期率先提出“投资者是帝王”的口号，强烈地表达了对投资者的重视和对投资的追求。另一方面，当时许多国家和地区对投资有力度较大的优惠政策。对企业来说，投资意味着获得收益；对地区来说，赢得投资意味着促进经济发展。因此，把投资放在首位并围绕投资创造环境顺应了当时的发展需要和实践导向。[①]

但是，与投资相比，商业经营活动对市场经济发展具有的作用更大、更持久。于是，着眼点便慢慢地从投资转移到营商活动上来，“营商环境”概念也就应运而生。“投资环境”概念逐步被“营商环境”概念代替，不仅是概念随实践发现的表现，也是历史有逻辑的统一。世界银行将营商环境界定为企业在申请开设、生产经营、贸易活动、纳税、关闭及执行合约等方面遵循政策法规所需要的时间和成本等条件的总和，是一项涉及经济社会改革和对外开放众多领域的系统工程。这个界定具有权威性，但是还需要进一步阐释。有学者在此基础上指出了营商环境的外延和意义，“营商环境是指商事主体从事商事组织或经营行为的各种境况和条件，包括影响商事主体行为的政治要素、经济要素、文化要素等，是一个国家或地区有效开展交流、合作以及参与竞争的依托，体现了该国或地区的经济软实力”。[②] 从营商环境的定义可以看出，营商环境的实质和侧重点在于为企业经营行为创造条件。投资固然重要，但成功开展商业经营活动才是企业发展的目标，也是地区发展的需要。经营活动所需条件更多、范围更广，包含了投资活动所需条件，因此，

① 王光荣：《营商环境提升：补齐社会环境短板》，《重庆社会科学》2019年第2期，第26～27页。

② 董彪、李仁玉：《我国法治化国际化营商环境建设研究——基于〈营商环境报告〉的分析》，《商业经济研究》2016年第13期，第141～143页。

"营商环境"概念比"投资环境"概念内涵更为丰富。从投资环境到营商环境的变化主要体现在两方面：一方面，明显扩大了服务对象的范围，由针对外商投资扩大为针对所有企业的经营活动；另一方面，从投资条件扩展到经营活动的全程，投资和经营依赖的条件都被包含在内。在企业活动历程中，设立只是企业活动的起点，并不是目的，更不是全部。让企业设立并且取得预期的发展和收益的环境，才是符合企业活动规律的环境，才是真正的有吸引力的环境。营商环境将重心放在企业经营活动上，并没有淡化企业设立所需条件的重要性，而是扩大了环境所支撑的对象范围。相对而言，投资环境以提高企业开设效率为中心，侧重制度和程度因素，而营商环境要求兼顾企业开设和经营活动，社会环境等因素的重要性凸显。①

营商环境在提升我国竞争力，推动我国市场经济向前发展方面发挥着举足轻重的作用。有的企业家曾经提到，"营商环境就像是民营经济生存和发展的水和空气，放水才能养鱼，净化空气才能健康呼吸。只有激发民营经济活力、提升民营企业竞争力，才能激活高质量发展的微观基础"②。也有专家指出，"营商环境指伴随市场主体从开办、运营到注销整个过程中各种外部条件的总和，通常包括政务环境、市场环境、法治环境、人文环境以及国际经贸环境等，是一个系统性的环境。营商环境是滋养企业发展、创新创业的丰厚土壤，直接影响国家或地区经济发展的质量和速度。良好的营商环境有利于吸引资金、人才、技术等各种发展要素的聚集，有利于激发各类市场主体的活力，推动经济发展的着力点必须由'抓项目'转向'造环境'"③。

习近平总书记在博鳌亚洲论坛2018年年会开幕式上强调，在扩大开

---

① 王光荣：《营商环境提升：补齐社会环境短板》，《重庆社会科学》2019年第2期，第26～27页。

② 《中国市场监管研究》编辑部：《优化营商环境就是提升生产力》，《中国市场监管研究》2017年第8期，第23～33页。

③ 李国强、马晓白：《优化营商环境是促进高质量发展的重要基础》，https://www.sohu.com/a/230653441_115495。

放方面，中国将创造更有吸引力的投资环境[①]。李克强总理在全国深化“放管服”改革电视电话会议上表示，营商环境就是生产力[②]。2018年首次国务院常务会议的首个议题，是部署进一步优化营商环境。全球引资竞争日趋激烈，营造稳定公平透明、法治化、可预期的营商环境，是培育引资竞争新优势、加快建设开放型经济新体制的重中之重。因此，建设一流的营商环境是我国当前经济社会发展的迫切任务。我国不同省市为了打造一流的营商环境，不断采取优化措施。例如，在湖北省孝感市，孝感市委、市政府高度重视优化营商环境工作，克服经济下行压力，充分激发经济发展的活力，使得孝感市经济发展始终处于全省第二方阵前列。2015年3月，孝感市人民政府出台《降低企业成本促进实体经济发展的意见》；11月，在全省率先开展“千名干部进千企，优质服务促发展”活动，选派3666名干部组成1269个工作队入驻1544家企业。2017年，实施“千企千亿”技改工程，出台《孝感市加快推进传统产业改造升级行动方案（2017—2020年）》。2018年1月，出台《关于大力发展民营经济的实施意见》，共20条惠企政策，增强企业获得感；3月，孝感市委发出号召，要求全市以更大力度弘扬企业家精神，党员干部与企业家共同努力，构建“亲”“清”新型政商关系，营造更加优良的环境，迎接新一轮的经济发展；8月，孝感市政府印发实施《关于进一步优化营商环境的实施意见》，推出提高市场开发水平、营造营商法治环境等25项具体举措。在这一系列措施的作用下，孝感市经济运行稳中有进，主要经济指标扭转了多年下滑的趋势，达到或超过全省平均水平。在政策措施上全方位推进“放管服”改革。孝感市建立健全政务服务平台，做实做细“互联网+政务”，实现执法部门行政权力和政务服务事项流程再造，优化服务职能，简化办事程序，降低企业成本，实现网上申报、网

---

① 《开放共创繁荣 创新引领未来》，中华人民共和国国家互联网信息办公室，http://www.cac.gov.cn/2018-08/02/C_1123212086.htm。

② 《李克强：营商环境就是生产力！》，中国政府网，http://www.gov.cn/guowuyuan/2017-06/13/content_5202207.htm。

上预审、网上审批。整治查处违法违规行为，发展秩序得到全面优化。2014 年，孝感市推行“三证（照）联办”“三证合一”改革，到 2017 年 8 月，“多证合一”改革深入推进，将原来归属于出入境检验检疫、公安、住建（房管、公积金管理部门）、旅游、文化、商务、交通和食药监等部门的 27 项事项加以整合，使得在孝感投资创业流程更加便利，企业只需填写一份表格、提交一套资料、向工商部门提出申请，工商部门在 3 个工作日内发放营业执照，同时办理列入整合的 27 项登记、备案事项，不需要再向相关部门另行提交登记、备案材料，极大地简化了市场准入程序。2018 年 6 月底，继续深化“多证合一”登记改革，全面实施“36 证合一”，只需 4 个工作日就可以完成开办企业的手续，已备案的发展项目在 40 个工作日内就可以完成从注册到施工的程序，企业经营效率得到持续改善。通过改革，孝感市营商环境持续改善，企业合法财产权得到有效保护，企业对政府的信任度大幅度提高，绝大多数企业的发展规模与效益得到持续增长，发展信心较高，发展活力较强。从政府与企业的关系来看，在企业遇到困难时，96% 的企业愿意找地方政府解决，而工商管理部门也会主动为企业提供相关服务，企业最愿意交往的政府部门依次为直接的市场服务部门、市场管理部门和司法部门等，说明政商关系得到有效改善，政府及相关部门主动服务企业的意识得到较大幅度提升。①

广东省近年来持续深化改革，优化营商环境。省委、省政府围绕广东“数字政府”改革建设，大力度、密集推出一系列政策举措，以信息化大数据促进、倒逼、推动政务服务从以政府部门为中心向以行政相对人为中心转变，实现政务服务事项全流程再造。继此前首批 41 项服务事项成功上线“粤省事”平台 100 天之后，广东再推出公安百项服务事项“一网通办”。据广东省市场监督管理局向外界发布的消息称，自 2018 年 11 月 10 日起，“证照分离”改革已在全省推广。广东“证照分离”

---

① 熊主武、朱胜香：《持续优化孝感营商环境的思考》，《湖北职业技术学院学报》2019 年第 1 期。

改革试点地区累计办理业务量居全国首位，办理时限平均压减 36.5%。深圳商事登记制度改革传出消息：开办企业登记办理时间压缩至 4 个工作日内，比全国平均时间快 4.5 天，比全省平均时间快 1 天。同时，开办企业流程压减至 3 个环节，深圳开办企业便利度继续走在全国、全省前列。广东良好的营商环境，吸引了多个百亿美元级外资大项目密集落户或动工。仅仅 2018 年，德国巴斯夫集团决定投资 100 亿美元在湛江建设全球第三大石化一体化基地，这是中国首例重化工行业外商独资项目；富士康科技集团与珠海市政府签署半导体战略合作协议，这是其继 2017 年落户广州增城的第 10.5 代显示器全生态产业园之后的又一个重大项目；美国埃克森美孚公司宣布投资 100 亿美元，在惠州建设化工综合体项目、LNG 接收站项目；中国海油与壳牌集团在荷兰海牙签署总投资数十亿美元的惠州石化化工项目合作谅解备忘录，这将成为中国海油与壳牌集团在惠州大亚湾合作建设的三期项目。①

河北省唐山市委、市政府在优化营商环境工作上多措并举，简政放权、放管结合、优化服务三管齐下。2018 年，唐山市委、市政府更是将优化营商环境作为全市重点工作之一，专门成立工作领导小组，制定下发实施意见和专项整治方案，使全市营商环境得到显著改善。一是集中多个部门的审批权限设立行政审批局。各职能部门划转至市行政审批局的 197 项审批职能统一流程再造，总办理环节压减 14%。二是深入推进“放管服”改革。目前，唐山市级行政审批事项已由 229 项精简至 92 项，收费项目已降至 33 项。这些改革举措的落实，带动了唐山市在思想观念、简政放权、深化服务等方面的变化，使唐山市的政务环境、市场环境、配套服务环境得到了优化和提升。②

上海市政府工作报告提出“实现营商环境改革新突破”。包括深入实施优化营商环境行动，在更大范围、更宽领域先行先试一批营商环境

① 《广东经济》编辑部：《持续优化营商环境 推动广东经济高质量发展》，《广东经济》2019 年第 2 期，卷首语。

② 康伟立：《唐山市优化营商环境问题与对策研究》，《改革与开放》2019 年第 3 期，第 30 页。

改革举措，在提升企业获得感和满意度上取得新进展；加大“证照分离”改革和复制推广力度，深化工程建设项目审批改革，推进药品医疗器械审评审批制度改革，进一步简化企业注销程序，在减少审批事项、环节和时间上取得新进展；实施更大规模减税、更明显降费，加大企业研发费用加计扣除等政策实施力度，进一步降低社保费率，稳定社保缴费方式，在减轻企业负担上取得新进展。①

浙江省政府工作报告明确将“最多跑一次”改革进行到底。包括总结推广“领跑者”最佳实践，所有民生事项和企业事项开通网上办理，60%以上的政务服务事项实现“掌上办理”，70%以上的民生事项实现“一证通办”，力争实现企业投资项目竣工验收前审批“最多90天”。

江西省政府工作报告提出“推进投资项目审批提质增效改革”，包括：2019年上半年政府投资项目、企业投资项目的审批时间分别压减至79个和60个工作日以内；深化“一次不跑”“只跑一次”改革，省级和市县两级依申请类政务服务事项“一次不跑”“只跑一次”办理率分别达到80%、70%；全面推行“证照分离”改革，实现企业登记全程电子化，让市场主体“一照一码走天下”。②

贵州省提出“支持民营经济加快发展”，具体包括：全面落实贵州省委、省政府相关政策文件，深入实施六大专项行动，民营经济占比提高到57%左右；坚决破除制约民营经济发展的各类壁垒，在市场准入、审批许可、经营运行、招投标、军民融合等方面，为民营企业打造公平竞争环境，给民营企业发展创造充足市场空间；开好贵商大会，扶持贵商发展；构建“亲”“清”新型政商关系，用好投资投诉热线和服务民营企业直通车，解决好政府部门和国有大企业拖欠民营企业款项等问题，依法保护民营企业家人身安全和财产安全，让民营企业家备受尊重，让民营经济倍加壮大。③

---

① 李小健：《营商环境：只有更好，没有最好》，《中国人大》2019年第5期，第29～30页。

② 李小健：《营商环境：只有更好，没有最好》，《中国人大》2019年第5期，第29～30页。

③ 李小健：《营商环境：只有更好，没有最好》，《中国人大》2019年第5期，第29～30页。

天津市提出“升级加力支持和发展民营经济”。比如，大幅清理和规范减免涉企收费，切实减轻企业社会保险费负担。同时，下大力气缓解企业融资难题，安排100亿元的再贷款和再贴现资金、100亿元的常备借贷便利资金专项用于支持地方金融机构增加对民营企业的信贷投放；设立50亿元的融资担保发展基金、100亿元的民营企业发展基金、100亿元的民营企业纾困基金为符合经济结构优化升级方向、有前景的民营企业提供融资服务和流动性支持。①

第二节 政务与市场环境

政务环境和市场环境是一种重要资源，更是生产力、竞争力、吸引力的体现，抓政务、稳市场就是抓机遇。实践证明，优化政务与市场环境是促进经济发展的有效之道，政务与市场环境好的地区更能获得投资者的青睐，能吸引更加丰富的人才、信息、资金、项目。各级政府是优化营商环境的责任主体，因此，打造优质的政务环境以及高效的市场环境，是优化营商环境的重中之重。这不仅仅有利于营造更具吸引力的投资环境和创业氛围，更为加快我国经济发展提供了强有力的支持和保障。本节通过考察不同城市民营企业对政务与市场环境的评价来把握我国政务与市场环境的现状，进而提出进一步优化营商环境的对策与建议。

一 政务环境

对政务环境的评价，通过民营企业主观评分的方式进行，分值范围是1～5分，分值越高表示评价越高。其中，1～2分表示评价较低，对我国政务环境不太满意；分值为3分表示评价一般；分值为4～5分表示评价较高，对我国政务环境持满意态度。当前，民营企业对政务环境评价的平均得分为4.49分，分值较高，表明我国政务环境总体上得到了民

① 李小健：《营商环境：只有更好，没有最好》，《中国人大》2019年第5期，第29～30页。

营企业的认可。

从不同城市的满意情况来看，如表 7-1 所示，在参与调查的 34 个城市中，90% 以上的民营企业对政务环境表示满意的城市有 18 个，分别是广州市、南京市、杭州市、武汉市、石家庄市、大连市、福州市、西安市、哈尔滨市、海口市、济南市、太原市、天津市、深圳市、南宁市、贵阳市、宁波市和北京市，占比为 53%，主要分布在我国华东、华北和华南地区。其中，广州市、南京市和杭州市表现较好，均有 98% 以上的民营企业对当地政务环境表示满意。80%~90% 的民营企业对当地政务环境持满意态度的城市有 8 个，分别是合肥市、长春市、上海市、郑州市、南昌市、乌鲁木齐市、厦门市和银川市，占比为 23.5%。不足 80% 的民营企业对当地政务环境表示满意的城市有 8 个，占比为 23.5%。

表 7-1　不同城市民营企业对政务环境的满意情况（前 10 名）

单位：%

排名	城市	百分比
1	广州市	100.0
2	南京市	99.3
3	杭州市	98.2
4	武汉市	97.5
5	石家庄市	96.9
6	大连市	95.7
7	福州市	94.8
8	西安市	94.3
9	哈尔滨市	94.3
10	海口市	93.1

2017 年，世界 500 强投资项目——广州卡斯马汽车系统项目在黄埔区丰乐北产业园动工，从签约到试投产仅花了 5 个月时间。卡斯马项目相关负责人表示，“只用 1 天时间，就完成了公司在黄埔区的工商注册登记手续，这是难以置信的速度”。2017 年 12 月，粤芯芯片在广州开发区内的中新广州知识城片区奠基，2018 年 3 月开始打桩，10 月最后一泵混凝土被注

入主厂房楼顶。粤芯芯片副总裁李海明说："这就是'世界速度'！"[①] 不只是大企业，创业者也是15分钟就完成了公司注册。吴伟豪大专毕业之后，一直在外打工。在此之前，他是位于广州市天河区沙河顶的一家服装批发门市的负责人。两年前，在服装行业深耕多年之后，他萌生了自己当老板的想法，想与朋友注册一家公司，从沙河顶批发市场拿货在网店上卖。他听说了广州开发区的快速审批制度。一位朋友告诉他，在那里注册公司，工作人员会提前交代好所需材料，只要材料齐全，一两个小时就可以搞定。而在实际操作时，从一个打工仔变成一位老板，他只用了15分钟。[②] "快"的背后，是刀刃向内的自我革命。针对企业吐槽的审批"万里长征"，在不破红线、不闯红灯的前提下，广州开发区大胆削"繁"、治"拖"、破"堵"，打造企业服务的"高速公路"，推行"订制式审批服务"，实现了时间最短、程序最简、成本最低。[③] （1）时间最短。全省首家行政审批局在广州开发区设立，集中承接8个部门审批职能，只进一扇门，只盖一个章，推动事前审批与事中事后监管相分离，行政审批与技术审查相分离。审批时间大幅压减，企业投资项目审批从原来110个工作日缩短至15个工作日，财政投资项目审批从466个工作日缩短至75个工作日。（2）程序最简。该区印发"信任审批""来了就办、一次搞掂"等改革方案，推行预约审批、定制审批、集中审批、分类审批、现场审批。在全国首推"秒批"政务服务事项，涵盖14个部门223个事项。实现涉企证照"44证合一"，企业开办审批1天内完成。（3）成本最低。对企业反映集中、审批量大、专业性强的审批服务事项，由区财政统一购买服务，切实为企业"降成本"。改革后，企业投资建设项目审批平均只需提交4.8份材料，信任审批只需提供1份材料。[④] 这些案例与数字

---

① 《改革开放，行进中国的广州力量（上）》，《南方+》2018年12月17日。

② 吴遮：《从改革闯将到创新引擎：广州开发区的蝶变密码》，《南方周末》2018年11月29日。

③ 《建设具有全球竞争力营商环境》，《广州日报》2018年8月20日。

④ 《广州开发区：营商环境改革创新 打造企业服务"高速路"》，新浪财经网，http://finance.sina.com.cn/china/gncj/2019-01-18/doc-ihqfskcn8252098.shtml。

向我们有力地证明了为什么广州市对当地政务环境表示满意的民营企业占比高达100%。

二 市场经营环境

对市场经营环境的评价同样采取主观评测的方式，分值范围是1~5分，分值越高表示评价越高。其中，1~2分表示评价较低，对我国市场经营环境不太满意；3分表示评价一般；4~5分表示评价较高，对我国市场经营环境满意。根据数据分析结果，民营企业对当前市场经营环境评价的平均得分为4.42分，表明目前民营企业对我国市场经营环境评价较高。

表7-2展示了不同城市民营企业对市场经营环境的满意情况。在参与调查的城市中，广州市、南京市、杭州市、福州市、武汉市、哈尔滨市、西安市、石家庄市、大连市和长春市均有90%以上的民营企业对当地市场经营环境表示满意，占比为29.4%。80%~90%的民营企业对当地市场经营环境表示满意的城市有16个，分别是南宁市、上海市、宁波市、天津市、济南市、深圳市、海口市、北京市、太原市、郑州市、贵阳市、厦门市、南昌市、合肥市、银川市和成都市，占比为47.1%。80%以下的民营企业对当地市场经营环境持满意态度的城市有8个，占比为23.5%。

表7-2 不同城市民营企业对市场经营环境的满意情况（前10名）

单位：%

排名	城市	百分比
1	广州市	100.0
2	南京市	99.3
3	杭州市	97.6
4	福州市	96.2
5	武汉市	95.7
6	哈尔滨市	94.3
7	西安市	93.4

续表

排名	城市	百分比
8	石家庄市	93.3
9	大连市	92.8
10	长春市	92.4

第三节 社会与法治环境

优化营商环境是一个系统工程，既要改善公共服务设施等社会环境，又要发挥制度的支撑作用，营造公平的法治环境。其中，公共服务是营商环境的试金石，只有做好简政放权的“减法”，优化医疗、教育、社会保障、交通、安全等公共服务的“乘法”，更好地发挥政府作用，才能让群众舒心、企业顺心。法治环境是营商环境的核心与根本，有了健全的法治环境，人民才能安居乐业，企业才能真正做到可持续发展。经济、教育、医疗等社会公共服务都不能离开法治环境而独立存在。公正的法治环境是增强中小企业发展活力，为社会提供良好预期，为高质量发展增动力的必备条件。

一 社会环境

对社会环境的评价以民营企业主观评分的方式进行，分值范围是1~5分，分值越高表示评价越高。其中，分值1~2分表示评价较低，对我国社会环境不太满意；分值为3分表示评价一般；分值为4~5分表示评价较高，对我国社会环境持满意态度。民营企业对社会环境评价的平均得分为4.43分，分值较高，表明我国社会环境总体上赢得了民营企业的认可。

从不同城市民营企业的满意情况来看，如表7-3所示，在参与调查的34个城市中，90%以上的民营企业对社会环境表示满意的城市有13个，分别是广州市、南京市、杭州市、武汉市、哈尔滨市、石家庄市、福州市、西安市、长春市、大连市、宁波市、深圳市和天津市，占比为38.2%。其中，广州市和南京市均有99%以上的民营企业对当地社会环境表示满意。80%~90%的民营企业对当地社会环境持满意态度的城市有14个，分别是南宁市、太原市、上海市、济南市、北京市、成都市、海口市、郑州市、贵阳市、合肥市、乌鲁木齐市、厦门市、南昌市和银川市，占比为41.2%。不足80%的民营企业对当地社会环境表示满意的城市有7个，占比为20.6%。

表7-3　不同城市民营企业对社会环境的满意情况（前10名）

单位：%

排名	城市	百分比
1	广州市	100.0
2	南京市	99.3
3	杭州市	97.6
4	武汉市	96.9
5	哈尔滨市	96.2
6	石家庄市	95.9
7	福州市	94.8
8	西安市	93.1
9	长春市	92.4
10	大连市	91.9

二　法治环境

对法治环境的评价同样采取主观评测的方式，分值范围是1~5分，分值越高表示评价越高。其中，1~2分表示评价较低，对我国法治环境不太满意；3分表示评价一般；4~5分表示评价较高，对我国法治环境满意。民营企业对法治环境评价的平均得分为4.44分，得分较高，表明民营企业对我国法治环境评价较高。

表7-4展示了不同城市民营企业对法治环境的满意情况，在参与调查的城市中，80%以上的民营企业对当地法治环境表示满意的城市有28

个，占比为82.4%。其中，90%以上的民营企业对当地法治环境表示满意的城市有13个，分别为广州市、南京市、杭州市、武汉市、福州市、哈尔滨市、大连市、石家庄市、西安市、长春市、南宁市、宁波市和天津市，占比为38.2%。不足80%的民营企业对当地法治环境表示满意的城市有6个，占比为17.6%。

表7－4　不同城市民营企业对法治环境的满意情况（前10名）

单位：%

排名	城市	百分比
1	广州市	100.0
2	南京市	99.3
3	杭州市	98.4
4	武汉市	96.4
5	福州市	96.2
6	哈尔滨市	94.3
7	大连市	93.3
8	石家庄市	93.3
9	西安市	91.8
10	长春市	91.3

第四节　开放与消费环境

国务院发展研究中心原副主任王一鸣曾经说道："很多领域都是在开放中激活的，不少制度创新也是在开放中产生的。国新办发布的《中国与世界贸易组织》白皮书显示，中国加入世贸组织，中央政府清理法律法规和部门规章2300多件，地方政府清理地方性政策法规19万多件，接轨国际，营造更公平的竞争环境。"[①] 中国用实践证明，开放是推进改革与发展的重要手段。此外，消费也已成为中国经济发展的重要拉动力。营造安全放心的消费环境，对于发挥消费对经济发展的基础性作用具有

① 《中国与世界贸易组织》，中国政府网，http://www.gov.cn/zhengce/2018－06/28/content_5301884.htm。

重要意义。本节通过民营企业主观测评的方式来反映我国开放环境与消费环境现状。

一　开放环境

通过主观测评我们发现，民营企业对开放环境评价的平均得分为 4.42 分。根据评分规则，最低分为 1 分，最高分为 5 分。分值为 1～2 分表示民营企业对当地开放环境评价较低，持不满意态度；分值为 3 分表示民营企业对当地开放环境评价一般；分值为 4～5 分表示民营企业对当地开放环境评价较高，对此满意。因此，我国民营企业对当前开放环境评价得分较高，表明民营企业满意当前的开放环境，并给予了较高的评价。

表 7－5 展示了不同城市民营企业对开放环境的满意情况。在参与主观测评的 34 个城市中，广州市、南京市、杭州市、武汉市、福州市、哈尔滨市、石家庄市、西安市、成都市、大连市、天津市和宁波市分别有 90% 以上的民营企业对当地开放环境表示满意，占比为 35.3%。其中，广州市、南京市和杭州市对当地开放环境表示满意的民营企业占比均在 98% 以上。80%～90% 的民营企业对当地开放环境表示满意的城市有 15 个，分别是南宁市、长春市、上海市、深圳市、贵阳市、济南市、郑州市、北京市、海口市、太原市、合肥市、南昌市、乌鲁木齐市、厦门市和银川市，占比为 44.1%。对当地开放环境持满意态度的民营企业占比不足 80% 的城市有 7 个，占比为 20.6%。

表 7－5　不同城市民营企业对开放环境的满意情况（前 10 名）

单位：%

排名	城市	百分比
1	广州市	100.0
2	南京市	99.5
3	杭州市	98.7
4	武汉市	95.9
5	福州市	95.7

续表

排名	城市	百分比
6	哈尔滨市	95.0
7	石家庄市	94.6
8	西安市	93.7
9	成都市	92.9
10	大连市	92.8

二　消费环境

对消费环境的评价由34个城市的民营企业进行主观评分，分值从最低分1分到最高分5分，分值越高表示评价越高。其中，分值为1～2分表示评价较低，对当前消费环境不太满意；分值为3分表示评价一般；分值为4～5分表示评价较高，对当前消费环境满意。由数据分析可知，民营企业对消费环境评价的平均得分为4.40分，分值较高，表明民营企业对我国当前的消费环境比较满意。

从不同城市的满意情况来看，在参与调查的34个城市中，大部分民营企业对当地消费环境表示满意。80%以上的民营企业对当地消费环境表示满意的城市有25个，包括广州市、南京市、杭州市、武汉市、福州市、石家庄市、大连市、哈尔滨市、西安市、宁波市、天津市、长春市、上海市、南宁市、深圳市、济南市、郑州市、北京市、太原市、贵阳市、南昌市、海口市、合肥市、厦门市和银川市，占比为73.5%。其中，90%以上的民营企业对当地消费环境表示满意的城市有12个，占比为35.3%（见表7－6）。不足80%的民营企业对当地消费环境持满意态度的城市有9个，占比为26.5%。

表7－6　不同城市民营企业对消费环境的满意情况（前10名）

单位：%

排名	城市	百分比
1	广州市	100.0
2	南京市	98.8

续表

排名	城市	百分比
3	杭州市	96.9
4	武汉市	96.4
5	福州市	94.8
6	石家庄市	94.3
7	大连市	92.8
8	哈尔滨市	92.3
9	西安市	92.1
10	宁波市	90.3

第五节　整体营商环境

古语有云："水深则鱼悦，城强则贾兴。"在市场经济条件下，企业所从事的各种生产经营活动都是在一定的外部环境下开展的。营商环境为企业的创立、运作提供了基础条件，对企业的营利、进入、退出等生存和发展活动产生着最直接的影响。营商环境建设是一个国家经济软实力和国际竞争力的重要体现，其好坏取决于政治、经济、社会、法律、政策等多方面因素。世界银行的研究报告指出：良好的营商环境会使投资率增长 0.3%，GDP 增长率增加 0.36%。正如习近平总书记在博鳌亚洲论坛 2018 年年会开幕式主旨演讲中指出的，"投资环境就像空气，空气清新才能吸引更多外资"①。

营造一流的营商环境一直是我国努力的目标，创造广大民营企业满意的营商环境更是我国发展的现实追求。调查结果显示，民营企业对整体营商环境评价的平均得分为 4.43 分。根据评分规则，分值为 1～2 分表示评价较低，民营企业对整体营商环境不满意；分值为 3 分表示评价一般；分值为 4～5 分表示评价较高，民营企业对整体营商环境满意。因

① 《开放共创繁荣 创新引领未来》，中华人民共和国国家互联网信息办公室，http://www.cac.gov.cn/2018-08/02/C_1123212086.htm。

此，民营企业对当前整体营商环境的评分较高，表明我国整体营商环境赢得了民营企业的肯定。

表 7－7 展示了不同城市民营企业对整体营商环境的满意情况。在34 个参与主观测评的城市中，90% 以上的民营企业对整体营商环境表示满意的城市有 15 个，分别是广州市、南京市、杭州市、哈尔滨市、成都市、福州市、武汉市、石家庄市、西安市、大连市、济南市、南宁市、宁波市、上海市和天津市，占比为 44.1%；80%～90% 的民营企业对整体营商环境表示满意的城市有 11 个，分别是长春市、深圳市、郑州市、贵阳市、北京市、合肥市、海口市、太原市、南昌市、乌鲁木齐市和厦门市，占比为 32.4%；不足 80% 的民营企业对整体营商环境表示满意的城市有 8 个，占比为 23.5%。

表 7－7　不同城市民营企业对整体营商环境的满意情况（前 10 名）

单位：%

排名	城市	百分比
1	广州市	100.0
2	南京市	99.3
3	杭州市	98.0
4	哈尔滨市	96.6
5	成都市	96.4
6	福州市	96.2
7	武汉市	96.2
8	石家庄市	95.3
9	西安市	95.3
10	大连市	94.3

根据数据统计结果，我国营商环境整体良好，民营企业对我国营商环境评价较高。具体来看，我国民营企业对政务环境的平均评分为4.49 分，76.5% 的参评城市有 80% 以上的民营企业对当地政务环境表示满意；对市场经营环境的平均评分为 4.42 分，76.5% 的城市有 80%以上的民营企业对我国市场经营环境给予了较高的评价；对社会环境

的平均评分为 4.43 分，79.4% 的城市有 80% 以上的民营企业满意当地的社会环境；对法治环境的平均评分为 4.44 分，82.4% 的城市有 80% 以上的民营企业对当地法治环境表示满意；对开放环境的平均评分为 4.42 分，79.4% 的城市有 80% 以上的民营企业满意当地的开放环境；对消费环境的平均评分为 4.40 分，有 73.5% 的城市其民营企业对当地消费环境表示满意的占比在 80% 以上；对整体营商环境的平均评分为 4.43 分，76.5% 的城市有 80% 以上的民营企业对当地整体营商环境持满意态度。这些数据表明，在我国各地政府营造一流营商环境的努力下，营商环境不断完善，取得了长足进步，当前我国的营商环境赢得了大部分民营企业的好评。

在改革开放的 40 多年中，民营企业从小到大、由弱变强，已经成为助推我国经济社会发展的重要力量，在稳定增长、促进创新、增加就业、改善民生等方面发挥了积极作用。据统计，民营经济为国家贡献了 50% 以上的税收，60% 以上的国内生产总值（GDP），70% 以上的技术创新，80% 以上的城镇劳动就业，90% 以上的企业数量。在某种意义上，中国改革开放的历史也是民营经济成长壮大的历史，民营经济的发展成绩有目共睹，其地位和作用不容置疑。2018 年 11 月 1 日，习近平总书记在民营企业座谈会上发表重要讲话。习近平总书记强调，非公有制经济在我国经济社会发展中的地位和作用没有变，我们毫不动摇鼓励、支持、引导非公有制经济发展的方针政策没有变，我们致力于为非公有制经济发展营造良好环境和提供更多机会的方针政策没有变。[①] 这次座谈会表明了党中央毫不动摇鼓励、支持、引导非公有制经济发展的坚定决心和鲜明态度，给所有民营企业和民营企业家提振了信心。

优质的营商环境不仅仅是民营企业又好又快发展的压舱石，更是提高我国国际竞争力，加速我国国民经济发展的助推器。因此，我国应该加强对营商环境营造的重视，营商环境是政务环境、市场经营环境、社

① 《走向更加广阔的舞台——写在民营企业座谈会召开一周年之际》，新华网，2019 年 10 月 30 日。

会环境、开放环境、消费环境、法治环境等多个方面的相互联动，是多种因素相互联系、相辅相成的综合体。我国在建设营商环境时应首先着眼于对营商环境优质要素的培育，加强不同环境要素的良性互动，全面优化营商环境。

第六节　整体营商环境指标构建及分析

根据调查结果，结合统计局公布的公开统计数据，本研究主要从民营企业对营商环境主观评价的角度，对34个城市的营商环境进行评估。如图7－1所示，从结果来看，民营企业对营商环境主观评价得分高于90分的城市有5个，占比为15%，分别是广州市、深圳市、上海市、北京市、南京市；得分在80～90分的城市有9个，占比为26%，分别是杭州市、济南市、宁波市、武汉市、成都市、郑州市、重庆市、天津市、合肥市；得分在70～80分的城市有15个，占比为44%；得分在60～70分的城市有5个，占比为15%。

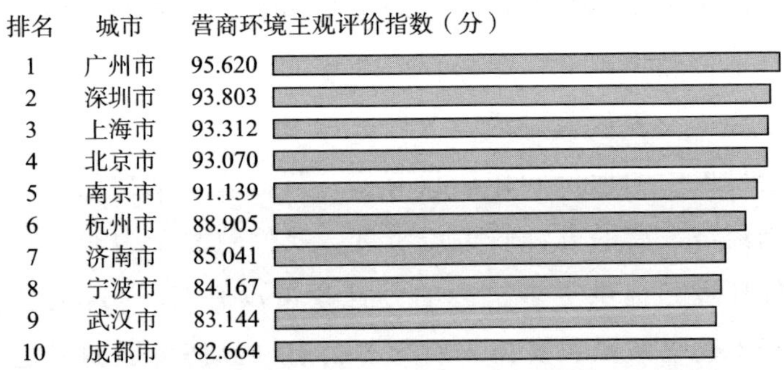

图7－1　2018年参评城市营商环境主观评价指数（前10名）

广州市各项指标的高得分均显示出广州较早谋划构建与国际接轨的营商环境，并取得了显著成效。早在2009年，广州市就专门出台了《关于加快推进广州市营商环境和做事规则国际化的意见》（穗府〔2009〕37号）；2014年，广州市又进一步提出建设市场化、法治化、国际化营商环境，瞄准打造全球企业投资首选地和最佳发展地；2015年，广州市出台了《广州市建设市场化国际化法治化营商环境三年行动方案（2015—2017年）》，率先对提升营商环境工作作出全面部署。广州作为粤港澳大湾区、泛珠江三角洲经济区的核心城市以及“一带一路”的枢纽城市，在地缘优势、政策优势的基础上高瞻远瞩、尽早谋划，使其在各大城市中脱颖而出，不断优化的营商环境为其吸引了更多的高端、优质外来资源落地。“人无我有，人有我优”，既是广州市的目标指引，也是提升广州市核心竞争力的关键所在。

深圳市表现也较突出。深圳市作为经济特区拥有特区立法权，使其在法治建设方面获得先行先试的经验，具有在立法、执法、司法等方面的积累优势，为创建一流法治城市打下了良好的基础。民营企业对当地整体营商环境的高评价充分体现了深圳拥有开放的竞争环境、包容的文化氛围和勇于开拓的创新精神。这为其进一步提升营商环境奠定了重要的基础。随着粤港澳大湾区建设上升为国家战略，其发展规划日益清晰。在粤港澳大湾区城市群的协调发展中，深圳必将得益于区域优势带来的科研院所、高校企业研发的集聚效应，人力物力汇聚形成的创新效应，新机制、新政策带来的整合效应，从而进一步激发开放创新潜力，提升地区整体经济实力，为其营商环境的进一步优化提供有力的支撑。

上海作为我国的经济中心和金融中心，有着独特的区位优势和政策优势。同时，以上海为核心的长江三角洲城市群是我国最发达也最为现代化的城市群。这也为上海的发展在人才、资金、技术上形成了重要的协同效应和聚集效应。上海应该继续当好全国改革开放排头兵、创新发展先行者，发挥开路先锋、示范引领、突破攻坚的作用，打造“上海速度”，为营商环境的模式探索做出更大贡献。

本研究表明，在不断优化营商环境的大背景下，各城市积极对标国际营商环境指标，在政务环境、市场经营环境、社会环境、法治环境、开放环境、消费环境优化上均显现出一定成效。营造稳定公平透明、可预期的营商环境不仅是在企业生命周期的起步阶段对民营企业的市场准入、施工许可证办理等方面的改善，还应该思考民营企业审批落地后续的融资渠道、就业培训、购房权利等完整的配套制度，更要聚焦民营企业家诉求，拓宽改革覆盖面。只有做好各个阶段的服务和制度保障，找准并及时回应民营企业诉求，继续优化营商环境，才能够提升城市的影响力和竞争力，为民营企业发展创造良好的制度环境。

第八章

民营企业主观评价及未来期许

第一节　营商环境总体评价

为了全面地综合反映全国的营商环境，本部分主要利用有效调查数据结果，通过主成分分析法，对民营企业对政务环境、市场经营环境、社会环境、法治环境、开放环境等5个维度18个方面112项指标的主观评价结果进行加权综合，得出营商环境综合评价指数以及5个维度的分指数。

一　民营企业对全国整体营商环境感受较好，综合评价指数为81.45分

通过营商环境综合评价指数可以看出，民营企业对全国整体营商环境感受较好，综合评价指数为81.45分。其中，营商环境主观评价指数为88.85分，法治环境评价指数为87.73分、社会环境评价指数为82.38分、开放环境评价指数为82.71分、政务环境评价指数为81.73分、市场经营环境评价指数为70.44分。从各分指数看，法治环境、社会环境、开放环境、政务环境对综合指数的影响均较大，民营企业对这四个方面的主观评价较高。如在政务环境和法治环境方面，88.3%的民营企业对政务环境比较满意或非常满意，87.1%的民营企业对法治环境比较满意

或非常满意；而市场经营环境评价指数分值较低，表明在营造良好的营商环境方面还需加大市场经营环境的改善力度。

二　各行业对营商环境评价相当，行业差异较小

各行业对营商环境的评价基本相当，五个维度平均得分均在 4 分左右，即对整体营商环境表示比较满意。从营商环境综合评价指数看，如图 8－1 所示，各行业得分较集中，卫生和社会工作得分最高，为 88.55 分，比金融业高 5.69 分；采矿业得分最低，为 75.11 分，比教育低 4.64 分，与其他行业差距较大。

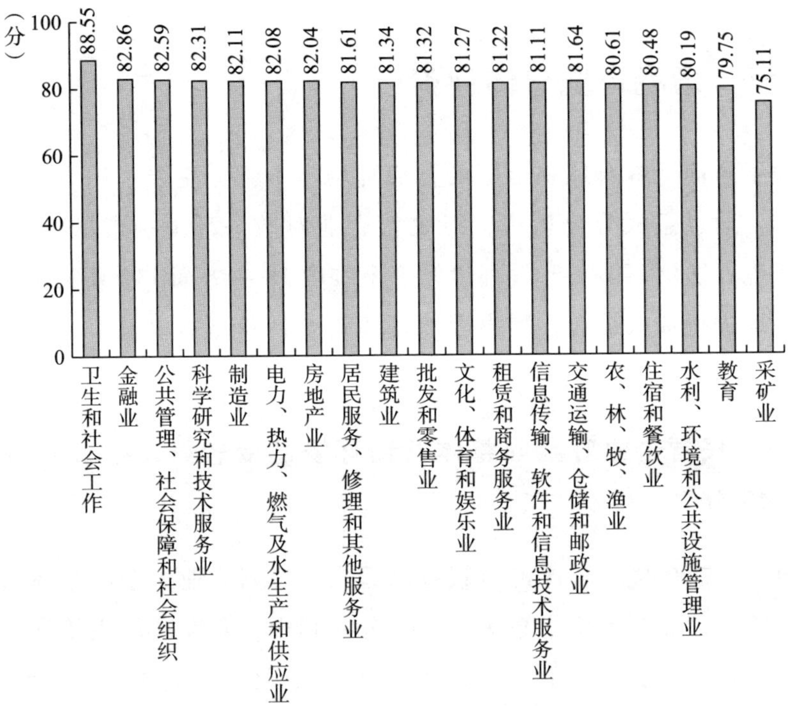

图 8－1　各行业营商环境综合评价指数

三　高新技术企业诉求较多，对营商环境的要求更高

参与调查的民营企业中，有 335 户为高新技术企业。从这些高新技

术企业对营商环境的主观评价来看，其相对于其他民营企业，对营商环境的要求更高，营商环境综合评价指数为79.80分，比其他企业低1.92分。另外，从企业迫切希望政府部门强化的工作来看，高新技术企业平均有4.18条诉求，高新技术企业相对于其他企业，更注重“加强对知识产权的保护工作”、“强化对创新型人才、顶尖人才的政策吸引力”和“完善鼓励企业创业创新的配套政策”。可见，高新技术企业相对于其他企业，在技术、人才方面的诉求更多，需要政府加强政策支持以扶持高新技术企业更快、更稳、更好的发展（见图8－2）。

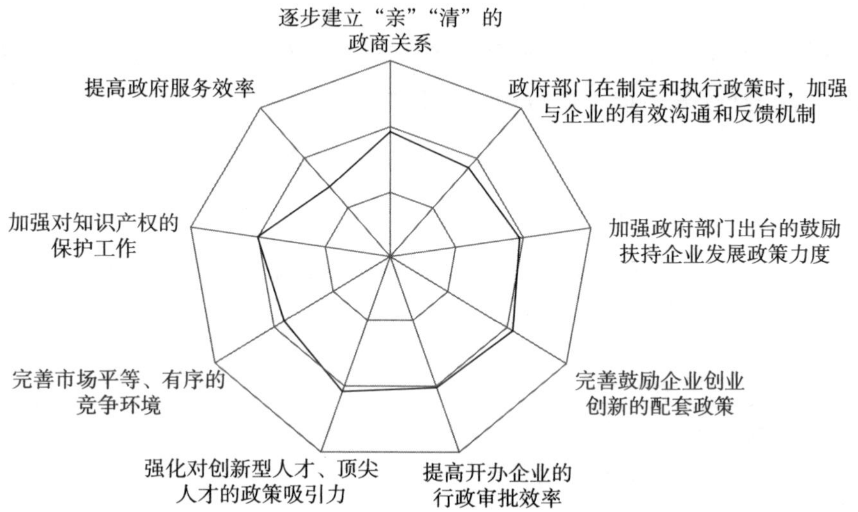

图8－2　高新技术企业对政府部门的诉求偏好

四　本地投资人要求较高，对营商环境综合评价稍低

调查数据显示，有74.9%的民营企业主要投资人来源于本地，这些民营企业对本地营商环境整体要求较高。其中，67.7%的民营企业反映本地营商环境与其他周边城市相比较差或很差，这些民营企业对本地营商环境的评价相对外地投资者投资的民营企业稍低一些，营商环境综合评价指数为80.95分，比全省平均水平低0.5分，比外地投资者投资的民营企业低0.33分。

第二节　营商环境分项评价

一　政务环境评价指数

政务环境评价指数为 81.73 分。其中，民营企业对政府有关部门落实政策情况的评价指数为 89.97 分，对政府诚信的评价指数为 91.85 分，对政府部门服务窗口和服务网站、移动客户端及各类互联网技术办理业务的评价指数为 91.19 分，对基层政府工作人员的评价指数为 33.55 分，对办理事项便捷程度的评价指数为 87.58 分，对纳税环境的评价指数为 88.17 分，对政务环境主要方面的评价指数为 89.79 分。

（一）超八成民营企业对政府有关部门落实政策情况表示满意

调查数据显示，87.2%的被调查民营企业对“政府支持企业发展政策落地情况”比较满意或非常满意，评价平均得分为 4.51 分[①]。其中，广州市、南京市和杭州市民营企业评价平均得分居参与调查的城市的前三位，平均得分分别为 5.00 分、4.98 分和 4.90 分；卫生和社会工作、金融业、房地产业企业评价平均得分居行业前三位，平均得分分别为 4.74 分、4.58 分和 4.58 分。

87.9%的被调查民营企业对“政府鼓励创业创新政策落实情况”比较满意或非常满意，评价平均得分为 4.51 分。其中，广州市、南京市和杭州市民营企业评价平均得分居参与调查的城市的前三位，平均得分分别为 5.00 分、4.98 分和 4.90 分；卫生和社会工作、金融业、科学研究和技术服务业企业评价平均得分居行业前三位，平均得分分别为 4.87 分、4.60 分和 4.57 分。

86.3%的被调查民营企业对“政府鼓励企业引进人才的优惠待遇落实情况”比较满意或非常满意，评价平均得分为 4.47 分。公共管理、社

① 得分为民营企业主观评价打分，分值为 1~5 分，分值越高表示评价越高。

会保障和社会组织，卫生和社会工作，金融业企业评价平均得分居行业前三位，平均得分分别为 4.75 分、4.68 分和 4.63 分。

84.6% 的被调查民营企业对“政府解决企业用地难的落实情况”比较满意或非常满意，评价平均得分为 4.41 分。金融业、卫生和社会工作、科学研究和技术服务业企业评价平均得分居行业前三位，平均得分分别为 4.58 分、4.58 分和 4.48 分。

88.9% 的被调查民营企业对“政府支持企业发展政策稳定情况”比较满意或非常满意，评价平均得分为 4.54 分。卫生和社会工作、金融业、科学研究和技术服务业企业评价平均得分居行业前三位，平均得分分别为 4.84 分、4.65 分和 4.60 分。

综合以上分析可以看出，超八成民营企业对政府有关部门落实政策各方面表示比较满意或非常满意，评价平均得分均在 4.5 分左右。卫生和社会工作、金融业、科学研究和技术服务业企业评价平均得分居行业前三位，平均得分分别为 4.74 分、4.61 分和 4.53 分。

（二）政府诚信度较高，民营企业对政府部门诚信度评价较高

调查数据显示，90.4% 的被调查民营企业对“政府及相关部门总体诚信程度”比较满意或非常满意，评价平均得分为 4.58 分。其中，广州市、南京市和杭州市民营企业评价平均得分居参与调查的城市的前三位，平均得分分别为 5.00 分、4.98 分和 4.93 分；卫生和社会工作，公共管理、社会保障和社会组织，金融业企业对该方面评价得分较高，居行业前三位，评价平均得分分别为 4.84 分、4.75 分和 4.67 分。

91.1% 的被调查民营企业对“监管部门在监督检查、达标评比活动时公开、公正”比较满意或非常满意，评价平均得分为 4.60 分。其中，广州市、南京市和杭州市民营企业评价平均得分居参与调查的城市的前三位，平均得分分别为 5.00 分、4.97 分和 4.93 分；卫生和社会工作、金融业、房地产业企业对该方面评价得分较高，居行业前三位，评价平均得分分别为 4.87 分、4.72 分和 4.71 分。

通过以上分析可以看出，民营企业对政府诚信方面的评价较高，评

价平均得分为 4. 59 分。其中，广州市、杭州市和南京市民营企业对本市政府诚信方面评价较高；卫生和社会工作、金融业、房地产业企业对政府诚信方面评价较高，居行业前列。

（三）政府部门服务窗口和网站等工作良好，民营企业评价较高

调查数据显示，91. 1% 的被调查民营企业对政府部门“服务窗口办事过程和流程透明、清楚程度”方面比较满意或非常满意，评价平均得分为 4. 60 分。其中，广州市、杭州市和南京市民营企业对该方面评价较高，评价平均得分分别为 5. 00 分、4. 98 分和 4. 94 分；金融业，公共管理、社会保障和社会组织，科学研究和技术服务业企业对该方面评价得分较高，居行业前三位，评价平均得分分别为 4. 77 分、4. 75 分和 4. 65 分。

90. 2% 的被调查民营企业对政府部门“服务窗口提供‘一窗通办’服务质量”方面比较满意或非常满意，评价平均得分为 4. 56 分。其中，广州市、南京市和杭州市民营企业对该方面评价较高，评价平均得分分别为 4. 98 分、4. 96 分和 4. 92 分；卫生和社会工作、金融业、制造业企业对该方面评价得分较高，居行业前三位，评价平均得分分别为 4. 71 分、4. 65 分和 4. 62 分。

89. 3% 的被调查民营企业对政府部门“窗口工作人员的服务能力和服务态度”方面比较满意或非常满意，评价平均得分为 4. 53 分。其中，广州市、南京市和杭州市民营企业对该方面评价较高，评价平均得分分别为 5. 00 分、4. 97 分和 4. 89 分；公共管理、社会保障和社会组织，金融业，卫生和社会工作企业对该方面评价得分较高，居行业前三位，评价平均得分分别为 4. 75 分、4. 72 分和 4. 61 分。

89. 5% 的被调查民营企业对政府部门“窗口服务部门在规定时限内完成相关审批事项”方面比较满意或非常满意，评价平均得分为 4. 54 分。其中，广州市、南京市和杭州市民营企业对该方面评价较高，评价平均得分分别为 4. 99 分、4. 98 分和 4. 93 分；卫生和社会工作、科学研究和技术服务业、金融业企业对该方面评价得分较高，居行业前三位，评价平均得分分别为 4. 65 分、4. 61 分和 4. 60 分。

89.1%的被调查民营企业对政府部门“服务网站、移动客户端等在规定时限内完成相关审批事项情况”方面比较满意或非常满意，评价平均得分为4.52分。其中，广州市、南京市和杭州市民营企业对该方面评价较高，评价平均得分分别为4.99分、4.98分和4.89分；房地产业、卫生和社会工作、金融业企业对该方面评价得分较高，居行业前三位，评价平均得分分别为4.61分、4.61分和4.60分。

90.0%的被调查民营企业对政府部门“服务网站、移动客户端等提供‘一网通办’的便利程度”方面比较满意或非常满意，评价平均得分为4.56分。其中，南京市、杭州市和西安市民营企业对该方面评价较高，评价平均得分分别为4.97分、4.89分和4.87分；金融业、卫生和社会工作、教育企业对该方面评价得分较高，居行业前三位，评价平均得分分别为4.74分、4.74分和4.68分。

以上分析表明，各市政府部门服务窗口和服务网站、移动客户端及各类互联网技术办理业务比较到位，九成左右民营企业表示比较满意或非常满意，对各方面的评价得分均在4.5分左右。其中，南京市、广州市、杭州市和西安市民营企业对该方面评价较高。

（四）为更好地服务民营企业，基层政府工作人员需坚持自律廉洁

调查数据显示，77.4%的被调查民营企业认为基层政府工作人员“‘新官不理旧账’现象”不太普遍或不普遍，但仍有13.1%的民营企业认为该现象比较普遍或非常普遍；79.4%的被调查民营企业反映“政府拖欠企业工程款等”现象不太普遍或不普遍，但仍有12.3%的民营企业认为该现象比较普遍或非常普遍；80.6%的被调查民营企业认为“存在政府相关部门干预、限制企业生产经营情况”现象不太普遍或不普遍，但仍有11.6%的民营企业认为该现象比较普遍或非常普遍；79.4%的被调查民营企业认为基层政府工作人员在“政策落实过程中存在‘懒政’现象”不太普遍或不普遍，但仍有12.2%的企业认为该现象比较普遍或非常普遍；81.7%的被调查民营企业认为基层政府工作人员“存在无理刁难、吃拿卡要现象”不太普遍或不普遍，但仍有11.2%的民营企业认

为该现象比较普遍或非常普遍；81.5%的被调查民营企业认为基层政府工作人员“存在以无政策依据为由拒绝企业合理诉求的情况”不太普遍或不普遍，但仍有11.1%的民营企业认为该情况比较普遍或非常普遍；82.6%的被调查民营企业认为当地“以各种理由让企业缴纳培训费、咨询费、赞助费等”现象不太普遍或不普遍，但仍有10.9%的民营企业认为该现象比较普遍或非常普遍；82.1%的被调查民营企业认为当地“迫使企业购买关联企业产品”现象不太普遍或不普遍，但仍有11.7%的企业认为该现象比较普遍或非常普遍。

（五）民营企业办理营业执照便捷程度较高，但办理环境影响评价的便捷程度还需提高

调查数据显示，88.7%的被调查民营企业对“办理营业执照”的便捷程度比较满意或非常满意，评价平均得分为4.55分。其中，广州市、南京市和杭州市民营企业对该方面的评价平均得分较高，分别为5.00分、4.97分和4.94分；卫生和社会工作，公共管理、社会保障和社会组织，制造业企业对该方面评价得分较高，居行业前三位，评价平均得分分别为4.81分、4.75分和4.62分。

84.2%的被调查民营企业对“办理企业注销”的便捷程度比较满意或非常满意，评价平均得分为4.41分。其中，南京市、杭州市和天津市民营企业对该方面的评价平均得分较高，分别为4.98分、4.95分和4.87分；卫生和社会工作、金融业、制造业企业对该方面评价得分较高，居行业前三位，评价平均得分分别为4.85分、4.58分和4.52分。

84.0%的被调查民营企业对“办理不动产登记交易”的便捷程度比较满意或非常满意，评价平均得分为4.40分。其中，南京市、杭州市和天津市民营企业对该方面的评价平均得分较高，分别为4.98分、4.96分和4.86分；公共管理、社会保障和社会组织，卫生和社会工作，制造业企业对该方面评价得分较高，居行业前三位，评价平均得分分别为4.75分、4.72分和4.54分。

82.5%的被调查民营企业对“办理施工许可”的便捷程度比较满意

或非常满意，评价平均得分为 4. 36。其中，广州市、南京市和杭州市民营企业对该方面的评价平均得分较高，分别为 5. 00 分、4. 97 分和 4. 93 分；卫生和社会工作，公共管理、社会保障和社会组织，金融业企业对该方面评价得分较高，居行业前三位，评价平均得分分别为 4. 80 分、4. 75 分和 4. 53 分。

83. 3% 的被调查民营企业对“办理用电手续”的便捷程度比较满意或非常满意，评价平均得分为 4. 39 分。其中，南京市、杭州市和天津市民营企业对该方面的评价平均得分较高，分别为 4. 98 分、4. 96 分和 4. 85 分；卫生和社会工作，公共管理、社会保障和社会组织，制造业企业对该方面评价得分较高，居行业前三位，评价平均得分分别为 4. 80 分、4. 75 分和 4. 51 分。

82. 0% 的被调查民营企业对“办理消防许可”的便捷程度比较满意或非常满意，评价平均得分为 4. 35 分。其中，南京市、杭州市、天津市民营企业对该方面的评价平均得分较高，分别为 4. 97 分、4. 93 分和 4. 77 分；卫生和社会工作，公共管理、社会保障和社会组织，金融业企业对该方面评价得分较高，居行业前三位，评价平均得分分别为 4. 44 分、4. 43 分和 4. 33 分。

81. 1% 的被调查民营企业对“办理环境影响评价”的便捷程度比较满意或非常满意，评价平均得分为 4. 32 分。其中，南京市、杭州市、天津市民营企业对该方面的评价平均得分较高，分别为 4. 98 分、4. 93 分和 4. 80 分；卫生和社会工作，公共管理、社会保障和社会组织，金融业企业对该方面评价得分较高，居行业前三位，评价平均得分分别为 4. 80 分、4. 75 分和 4. 50 分。

81. 4% 的被调查民营企业对“获取修建厂房许可”的便捷程度比较满意或非常满意，评价平均得分为 4. 35 分。其中，南京市、杭州市和天津市民营企业对该方面的评价平均得分较高，分别为 4. 98 分、4. 93 分和 4. 82 分；卫生和社会工作，公共管理、社会保障和社会组织，采矿业企业对该方面评价得分较高，居行业前三位，评价平均得分分别为 4. 84

分、4.75 分和 4.50 分。

在被调查的民营企业中，有 2563 户企业对“办理其他许可手续”的便捷程度进行了评价，77.8% 的民营企业表示比较满意或非常满意，评价平均得分为 4.23 分。

通过以上分析可以发现，八成以上民营企业对办理各项事项的便捷程度比较满意或非常满意。其中，民营企业对办理营业执照的满意度较高，办理环境影响评价的便捷度还有待进一步提升，以满足更多民营企业的诉求。南京市、杭州市和天津市民营企业对各方面办事便捷程度的评价较高，评价平均得分居参与调查的城市前列。

（六）超八成民营企业对目前纳税环境表示满意，但仍有一定改善空间

调查数据显示，85.0% 的被调查民营企业对“税务部门服务态度”表示比较满意或非常满意，评价平均得分为 4.43 分，但仍有 79.8% 的民营企业反映与以前相比税务部门服务态度并没有好转，而是变得更差了；84.6% 的被调查民营企业对“税务部门办事效率”表示比较满意或非常满意，评价平均得分为 4.40 分，但仍有 79.1% 的民营企业反映与以前相比税务部门办事效率并没有提高，而是变得更低了；85.0% 的被调查民营企业对“税收优惠政策落实情况”表示比较满意或非常满意，评价平均得分为 4.42 分，但仍有 78.9% 的民营企业反映与以前相比税收优惠政策落实情况并没有好转，而是变得更差了；82.7% 的被调查民营企业“对目前企业税负的评价”为比较满意或非常满意，评价平均得分为 4.35 分，但仍有 75.8% 的民营企业与以前相比，目前对企业税负的评价更低了。

（七）全国政务环境总体良好，近九成民营企业表示满意

调查数据显示，87.4% 的被调查民营企业对“政府部门出台政策、规定科学规范”表示比较满意或非常满意，评价平均得分为 4.49 分。其中，广州市、南京市和杭州市民营企业对该方面的评价得分居参与调查的城市的前三位，评价平均得分分别为 4.99 分、4.98 分和 4.88 分；公共管理、社会保障和社会组织，卫生和社会工作，金融业企业对该方面

评价得分较高，居行业前三位，评价平均得分分别为 4.75 分、4.71 分和 4.70 分。

86.6% 的被调查民营企业对“政府部门出台政策、规定宣传解释到位”表示比较满意或非常满意，评价平均得分为 4.46 分。其中，广州市、南京市和杭州市民营企业对该方面的评价得分较高，评价平均得分分别为 5.00 分、4.96 分和 4.85 分；卫生和社会工作，公共管理、社会保障和社会组织，金融业企业对该方面评价得分较高，居行业前三位，评价平均得分分别为 4.77 分、4.75 分和 4.67 分。

87.0% 的被调查民营企业对“政府部门实施政策、规定透明、公正”表示比较满意或非常满意，评价平均得分为 4.49 分。其中，广州市、南京市和杭州市民营企业对该方面的评价得分较高，评价平均得分分别为 5.00 分、4.97 分和 4.88 分；公共管理、社会保障和社会组织，卫生和社会工作，金融业企业对该方面评价得分较高，居行业前三位，评价平均得分分别为 5.00 分、4.74 分和 4.67 分。

86.3% 的被调查民营企业对“政府部门实施政策、规定效果明显”表示比较满意或非常满意，评价平均得分为 4.46 分。其中，广州市、南京市和杭州市民营企业对该方面的评价得分较高，评价平均得分分别为 5.00 分、4.97 分和 4.85 分；公共管理、社会保障和社会组织，卫生和社会工作，金融业企业对该方面评价得分较高，居行业前三位，评价平均得分分别为 4.75 分、4.74 分和 4.65 分。

86.5% 的被调查民营企业对“政府部门实施政策、规定稳定”表示比较满意或非常满意，评价平均得分为 4.47 分。其中，广州市、南京市和杭州市民营企业对该方面的评价得分较高，评价平均得分分别为 5.00 分、4.97 分和 4.88 分；公共管理、社会保障和社会组织，卫生和社会工作，金融业企业对该方面评价得分较高，居行业前三位，评价平均得分分别为 5.00 分、4.74 分和 4.60 分。

87.2% 的被调查民营企业对“政府部门依法行政”表示比较满意或非常满意，评价平均得分为 4.50 分。其中，广州市、南京市和杭州市民营企业对该方面的评价得分较高，评价平均得分分别为 5.00 分、4.97 分和 4.89 分；卫生和社会工作，公共管理、社会保障和社会组织，金融业企业对该方面评价得分较高，居行业前三位，评价平均得分分别为 4.87 分、4.75 分和 4.67 分。

86.3% 的被调查民营企业对“政府部门办事总体效率”表示比较满意或非常满意，评价平均得分为 4.46 分。其中，广州市、南京市和杭州市民营企业对该方面评价得分较高，评价平均得分分别为 4.99 分、4.96 分和 4.89 分；公共管理、社会保障和社会组织，卫生和社会工作，金融业企业对该方面评价得分较高，居行业前三位，评价平均得分分别为 4.75 分、4.74 分和 4.58 分。

88.2% 的被调查民营企业对“政府行政人员廉洁清正”表示比较满意或非常满意，评价平均得分为 4.54 分。其中，广州市、南京市和杭州市民营企业对该方面评价得分较高，评价平均得分分别为 5.00 分、4.98 分和 4.91 分；卫生和社会工作，公共管理、社会保障和社会组织，金融业企业对该方面评价得分较高，居行业前三位，评价平均得分分别为 4.87 分、4.75 分和 4.63 分。

通过以上分析可以发现，近九成民营企业对当地政务环境表示比较满意或非常满意，对各方面评价的平均得分为 4.49 分。其中，广州市、南京市和杭州市民营企业的评价得分较高，对当地政务环境满意度较高。

二　市场经营环境评价指数

市场经营环境评价指数为 70.44 分。其中，民营企业对贷款难易程度的评价指数为 63.24 分，对生产、经营用地情况的评价指数为 80.97 分，对消费环境问题的评价指数为 54.76 分，对改善消费环境重要方面的评价指数为 82.96 分。

（一）民营企业取得银行贷款比较难，融资渠道仍需拓宽

调查数据显示，有 3194 户民营企业曾向银行贷款。其中，32.5% 的民营企业认为取得抵押贷款不太困难或不困难，42.6% 的民营企业认为

取得抵押贷款困难或很困难，民营企业对从银行取得抵押贷款的难易程度评价的平均得分为 3.13 分；31.0% 的民营企业认为取得信用贷款不太困难或不困难，43.4% 的民营企业认为取得信用贷款困难或很困难，民营企业对从银行取得信用贷款的难易程度评价的平均得分为 3.18 分；32.0% 的民营企业对取得贷款手续便捷程度表示不满意或不太满意，44.2% 的民营企业表示满意或非常满意，民营企业对取得贷款手续便捷程度评价的平均得分为 3.17 分。

（二）民营企业欠款主要为货款和工程款，追回欠款难度较大

调查数据显示，有 1680 户民营企业曾遇到被个人或单位欠款的情况。其中，反映欠货款和工程款的较多，分别占遇到欠款企业总数的 44.0% 和 29.7%。在曾遇到被个人或单位欠款的民营企业中，有 925 户已追回欠款，占比 55.0%。44.7% 的民营企业认为追回欠款比较困难或非常困难，28.5% 的民营企业认为不太困难或不困难，企业对欠款追回的难易程度评价平均得分为 3.25 分。

（三）民营企业生产经营用地问题依然存在，改善并不明显

调查数据显示，有 2227 户民营企业曾遇到生产、经营用地问题。其中，78.4% 的民营企业对生产、经营用地“政策支持程度”比较满意或非常满意，评价平均得分为 4.27 分，与以前相比，72.5% 的民营企业反映情况变得更差了。77.3% 的民营企业对生产、经营用地“行政审批环节和时间”比较满意或非常满意，评价平均得分为 4.22 分，与以前相比，71.9% 的民营企业反映情况变得更差了。66.1% 的民营企业对生产、经营用地“地价或租金”比较满意或非常满意，评价平均得分为 3.96 分，与以前相比，63.1% 的民营企业反映情况变得更差了。63.7% 的民营企业对生产、经营用地“大企业的竞争压力”评价比较满意或非常满意，评价平均得分为 3.98 分，与以前相比，64.1% 的民营企业反映情况变得更差了；57.4% 的民营企业对生产、经营用地其他方面比较满意或非常满意，评价平均得分为 3.75 分，与以前相比，72.3% 的民营企业反映情况变得更差了，26.6% 的民营企业认为情况与以前差不多。

（四）各类消费问题不乏出现，加强监管工作任重道远

调查数据显示，40.8%的民营企业反映“商品假冒伪劣”现象一般，32.6%的民营企业反映该现象严重或很严重，评价平均得分为3.08分；43.5%的民营企业反映“价格欺诈”现象一般，25.3%的民营企业反映该现象严重或很严重，评价平均得分为2.91分；39.6%的民营企业反映“虚假广告宣传”现象一般，32.6%的民营企业反映该现象严重或很严重，评价平均得分为3.05分；42.9%的民营企业反映“使用、伪造他人商标、标识、包装等”现象一般，24.5%的民营企业反映该现象严重或很严重，评价平均得分为2.88分；37.8%的民营企业反映“食品、药品安全问题”一般，31.3%的民营企业反映该问题严重或很严重，评价平均得分为3.01分；44.7%的民营企业反映“消费者恶意投诉”现象一般，18.3%的民营企业反映该现象严重或很严重，评价平均得分为2.75分；43.6%的民营企业反映“职业打假人恶意投诉”现象一般，21.8%的民营企业反映该现象严重或很严重，评价平均得分为2.83分。

（五）改善消费环境，需要全方位加强工作部署

调查数据显示，87.4%的民营企业认为改善消费环境中“落实企业经营者主体责任”重要或很重要，评价平均得分为4.41分；88.4%的民营企业认为改善消费环境中“共同营造良好的市场经营环境”重要或很重要，评价平均得分为4.44分；88.7%的民营企业认为改善消费环境中“增强依法经营意识，提升诚信规范经营水平”重要或很重要，评价平均得分为4.44分；88.2%的民营企业认为改善消费环境中“保证产品和服务质量”重要或很重要，评价平均得分为4.46分；87.9%的民营企业认为改善消费环境中“维护消费者合法权益”重要或很重要，评价平均得分为4.43分；87.7%的民营企业认为改善消费环境中“杜绝虚假广告宣传”重要或很重要，评价平均得分为4.43分；87.3%的民营企业认为改善消费环境中“制定合理价格，抵制价格欺诈”重要或很重要，评价平均得分为4.42分；87.6%的民营企业认为改善消费环境中“积极接受政府有关部门和消费者的监督”重要或很重要，评价平均得分为4.42

分；68.4%的民营企业认为改善消费环境中“其他事项”重要或很重要，评价平均得分为3.94分。

三　社会环境评价指数

社会环境评价指数为82.38分。其中，民营企业对社会公共服务环境的评价指数为83.98分，对社会组织、第三方服务机构为民营企业提供服务的评价指数为81.01分，对社会信用环境的评价指数为82.14分。

（一）民营企业对社会治安评价最高，对医疗服务的诉求较强

调查数据显示，90.4%的民营企业对当地“社会治安”比较满意或非常满意，评价平均得分为4.56分；其中，广州市、南京市和杭州市民营企业对该方面评价得分较高，分别为5.00分、4.98分和4.92分，表明民营企业认为当地的社会治安较好，评价较高。88.3%的民营企业对当地“社会保障”比较满意或非常满意，评价平均得分为4.50分；其中，广州市、南京市和杭州市民营企业对该方面评价得分较高，分别为4.99分、4.97分和4.88分，表明民营企业认为当地的社会保障工作做得较好，评价较高。86.7%的民营企业对当地“义务教育”比较满意或非常满意，评价平均得分为4.48分；其中，广州市、南京市和杭州市民营企业对该方面评价得分较高，分别为4.99分、4.96分和4.86分，表明民营企业认为当地的义务教育做得较好，评价较高。85.6%的民营企业对当地“高等院校及科研院所人才培养”比较满意或非常满意，评价平均得分为4.44分；其中，广州市、南京市和杭州市民营企业对该方面评价得分较高，分别为4.99分、4.95分和4.81分，表明民营企业认为当地的高等院校及科研院所人才培养工作做得较好，评价较高。81.8%的民营企业对当地“医疗服务”比较满意或非常满意，评价平均得分为4.32分；其中，广州市、南京市和杭州市民营企业对该方面评价得分较高，分别为4.95分、4.94分和4.76分，表明民营企业认为当地的医疗服务较好，评价较高。85.4%的民营企业对当地“生态环境”比较满意或非常满意，评价平均得分为4.42分；其中，广州市、南京市和杭州市

对该方面评价得分较高，分别为 5.00 分、4.94 分和 4.79 分，表明民营企业认为当地的生态环境较好，评价较高。87.9% 的民营企业对当地“生活便利程度”比较满意或非常满意，评价平均得分为 4.49 分；其中，广州市、南京市和杭州市民营企业对该方面评价得分较高，分别为 5.00 分、4.97 分和 4.83 分，表明民营企业认为当地生活比较方便，生活便利度较高，评价较高。85.4% 的民营企业对当地“交通便利程度”比较满意或非常满意，评价平均得分为 4.41 分；其中，广州市、南京市和杭州市民营企业对该方面评价得分较高，分别为 5.00 分、4.97 分和 4.79 分，表明民营企业认为当地交通比较方便，交通便利度较高，评价较高。84.7% 的民营企业对当地“休闲文化娱乐设施”比较满意或非常满意，评价平均得分为 4.40 分；其中，广州市、南京市和杭州市民营企业对该方面评价得分较高，分别为 5.00 分、4.96 分和 4.76 分，表明民营企业认为当地的休闲文化娱乐设施较好，评价较高。88.0% 的民营企业对当地“社会公共服务总体评价”为比较满意或非常满意，评价平均得分为 4.47 分；其中，广州市、南京市和杭州市民营企业对该方面评价得分较高，分别为 5.00 分、4.97 分和 4.84 分，表明民营企业认为当地的社会公共服务总体上较好，满意度较高。

（二）社会组织、第三方服务机构服务仍有很大的提升空间

调查数据显示，80.4% 的民营企业对“行业协会、商会提供的服务”比较满意或非常满意，评价平均得分为 4.29 分。其中，广州市、南京市和杭州市民营企业对该方面的评价较高，评价平均得分分别为 5.00 分、4.92 分和 4.78 分；金融业，卫生和社会工作，公共管理、社会保障和社会组织企业对相关行业协会、商会提供的服务满意度较高，评价平均得分居行业前列，分别为 5.00 分、4.88 分和 4.81 分。

78.2% 的民营企业对“律师事务所提供的服务”比较满意或非常满意，评价平均得分为 4.22 分。其中，广州市、南京市和杭州市民营企业对该方面的评价较高，评价平均得分分别为 4.99 分、4.91 分和 4.74 分；金融业、卫生和社会工作、房地产业企业对律师事务所提供的服务满意

度较高，评价平均得分居行业前列，分别为 5.00 分、4.72 分和 4.71 分。

80.3% 的民营企业对“会计师与审计师事务所提供的服务”比较满意或非常满意，评价平均得分为 4.28 分。其中，广州市、南京市和杭州市民营企业对该方面的评价较高，评价平均得分分别为 5.00 分、4.93 分和 4.78 分；卫生和社会工作，水利、环境和公共设施管理业，文化、体育和娱乐业企业对会计师与审计师事务所提供的服务满意度较高，评价平均得分居行业前列，分别为 4.81 分、4.55 分和 4.54 分。

83.1% 的民营企业对“税务师事务所提供的服务”比较满意或非常满意，评价平均得分为 4.35 分。其中，广州市、南京市和杭州市民营企业对该方面的评价较高，评价平均得分分别为 5.00 分、4.94 分和 4.80 分；卫生和社会工作，金融业，电力、热力、燃气及水生产和供应业企业对税务师事务所提供的服务满意度较高，评价平均得分居行业前列，分别为 4.81 分、4.53 分和 4.53 分。

总体来看，八成左右民营企业对社会组织、第三方服务机构提供的服务表示比较满意或非常满意，但与以前相比，仍有八成民营企业认为服务水平还有待进一步提升。分城市看，广州市、南京市和杭州市民营企业对社会组织、第三方服务机构提供的服务评价较高；分行业看，公共管理、社会保障和社会组织，卫生和社会工作，金融业企业的满意度较高。

（三）社会信用环境评价较高，但仍有很大的提升空间

调查数据显示，83.2% 的民营企业对“公民的诚信水平”比较满意或非常满意，评价平均得分为 4.34 分，但与以前相比，77.7% 的民营企业反映公民的诚信水平变得更差了；82.6% 的民营企业对“关联企业的信用水平”比较满意或非常满意，评价平均得分为 4.33 分，但与以前相比，77.2% 的民营企业反映关联企业的信用水平变得更差了；83.2% 的民营企业对“社会组织、第三方服务机构的信用水平”比较满意或非常满意，评价平均得分为 4.35 分，但与以前相比，78.0% 的民营企业反映社会组织、第三方服务机构的信用水平变得更差了；84.4% 的民营企业对“社会整体信用水平”比较满意或非常满意，评价平均得分为 4.36 分，但

与以前相比，79.2%的民营企业反映社会整体信用水平变得更差了。

分城市看，广州市、南京市和杭州市民营企业对当地社会信用环境各方面的评价得分较高；分行业看，卫生和社会工作，金融业，居民服务、修理和其他服务业企业对社会信用环境各方面的评价得分较高。

四 法治环境评价指数

法治环境评价指数为87.73分。具体而言，调查数据显示，85.5%的民营企业对“私有财产权的法律保护力度”比较满意或非常满意，评价平均得分为4.41分；84.1%的民营企业对“执法和司法部门的公正程度”比较满意或非常满意，评价平均得分为4.39分；82.4%的民营企业对“司法判决执行落实情况”比较满意或非常满意，评价平均得分为4.34分；83.2%的民营企业对“投诉政府部门的渠道畅通情况”比较满意或非常满意，评价平均得分为4.36分；84.1%的民营企业对“破产企业有关各方权益的保护情况”比较满意或非常满意，评价平均得分为4.39分。

总体来看，民营企业对法治环境各方面的评价较高，八成以上企业表示比较满意或非常满意。其中，广州市、南京市和杭州市民营企业对当地法治环境各方面的评价得分均高于4.80分，表明三地企业对法治环境建设满意度较高。

五 开放环境评价指数

开放环境评价指数为82.71分。其中，民营企业对公平竞争环境的评价指数为83.34分，对办理进出口业务的评价指数为82.08分。

（一）政府部门还需进一步营造公平竞争的市场秩序

调查数据显示，83.1%的民营企业对“民营企业受政府重视情况”比较满意或非常满意，评价平均得分为4.37分，但与以前相比，77.3%的企业反映该情况变得更差了；83.0%的民营企业对“民营企业通过正规途径获取政策信息程度”比较满意或非常满意，评价平均得分为4.36分，但与以前相比，76.6%的企业反映该情况变得更差了；82.5%的民营企业对“各类促进民营企业发展优惠政策落实到位程度”比较满意或非常满意，评价平均得分为4.35分，但与以前相比，76.5%的企业反映该情况变得更差了；71.8%的民营企业对“民营企业与国有企业不公平竞争程度”比较满意或非常满意，评价平均得分为4.01分，但与以前相比，74.1%的民营企业反映该情况变得更差了；71.4%的民营企业对“大企业的市场垄断程度”比较满意或非常满意，评价平均得分为3.99分，但与以前相比，73.7%的民营企业反映该情况变得更严重了；73.2%的民营企业对“地方保护程度”比较满意或非常满意，评价平均得分为4.03分，但与以前相比，75.1%的民营企业反映该情况变得更严重了；81.4%的民营企业对“企业之间公平竞争秩序的总体情况”比较满意或非常满意，评价平均得分为4.30分，但与以前相比，76.2%的民营企业反映该情况变得更差了。

通过以上分析可以发现，民营企业对“民营企业与国有企业不公平竞争程度”以及“大企业的市场垄断程度”两方面的评价稍低，表明打破垄断行为，营造公平竞争的市场环境，是更多中小企业的诉求，也是政府部门的重要工作。

（二）应深化对外开放工作，加强服务企业办理进出口业务工作

调查数据显示，有11.3%的民营企业办理过进出口业务。其中，72.9%的企业对“办理海关货物进出口手续的便捷程度”比较满意或非常满意，评价平均得分为4.10分；71.9%的企业对“办理海关检验检疫工作的便捷程度”比较满意或非常满意，评价平均得分为4.08分；71.8%的企业对“办理外汇手续的便捷程度”比较满意或非常满意，评价平均得分为4.08分；71.0%的企业对“办理退税手续的便捷程度”比较满意或非常满意，评价平均得分为4.06分；72.1%的企业对“办理企业人员出入境手续的便捷程度”比较满意或非常满意，评价平均得分为4.09分；73.3%的企业对“海关工作人员的工作效率”比较满意或非常满意，评价平均得分为4.12分；74.0%的企业对“海关工作人员的清正廉洁”比较满意或非常满意，评价平均得分为4.14分。

通过以上分析可以发现，有进出口业务的民营企业较少，表明扩大开放，让更多的民营企业走出去也是政府部门需要努力的工作。另外，通过民营企业对办理进出口业务各种事项的评价可以发现，仅七成左右的企业表示比较满意或非常满意，有三成左右的企业认为服务企业办理各项进出口业务工作仍需加强。

六　整体营商环境主观评价指数

民营企业对当地营商环境主观评价较高，近九成民营企业表示满意，企业对当地营商环境的感知良好，营商环境主观评价指数为88.85分。其中，政务环境主观评价指数为83.83分，市场经营环境主观评价指数为82.62分，社会环境主观评价指数为82.79分，法治环境主观评价指数为82.99分，开放环境主观评价指数为82.59分，消费环境主观评价指数为82.23分，整体环境主观评价指数为82.83分。

调查数据显示，88.3%的民营企业对“政务环境”比较满意或非常满意，评价平均得分为4.49分。其中，广州市、南京市和杭州市民营企业对该方面评价平均得分较高，分别为4.99分、4.97分和4.89分。

86.2%的民营企业对“市场经营环境”比较满意或非常满意，评价平均得分为4.42分。其中，广州市、南京市和杭州市民营企业对该方面评价平均得分较高，分别为4.99分、4.96分和4.85分。

87.0%的民营企业对“社会环境”比较满意或非常满意，评价平均得分为4.43分。其中，广州市、南京市和杭州市民营企业对该方面评价平均得分较高，分别为5.00分、4.96分和4.83分。

87.1%的民营企业对“法治环境”比较满意或非常满意，评价平均得分为4.44分。其中，广州市、南京市和杭州市民营企业对该方面评价平均得分较高，分别为5.00分、4.96分和4.84分。

86.3%的民营企业对“开放环境”比较满意或非常满意，评价平均得分为4.42分。其中，广州市、南京市和杭州市民营企业对该方面评价平均得分较高，分别为4.99分、4.97分和4.85分。

85.8%的民营企业对“消费环境”比较满意或非常满意，评价平均得分为4.40分。其中，广州市、南京市和杭州市民营企业对该方面评价平均得分较高，分别为4.99分、4.95分和4.79分。

87.3%的民营企业对“整体环境”比较满意或非常满意，评价平均得分为4.43分。其中，广州市、南京市和杭州市民营企业对该方面评价平均得分较高，分别为5.00分、4.97分和4.82分。

通过以上分析可以发现，近九成民营企业对当地各方面营商环境表示比较满意或非常满意，评价平均得分均在4.4分左右。其中，广州市、南京市和杭州市民营企业对当地营商环境各方面评价较高，满意度较高。

第三节　民营企业主要困难及期望

一　超半数民营企业希望政府强化相关政策以及改善政商关系

如图8－3所示，从民营企业迫切希望政府部门强化的工作事项来

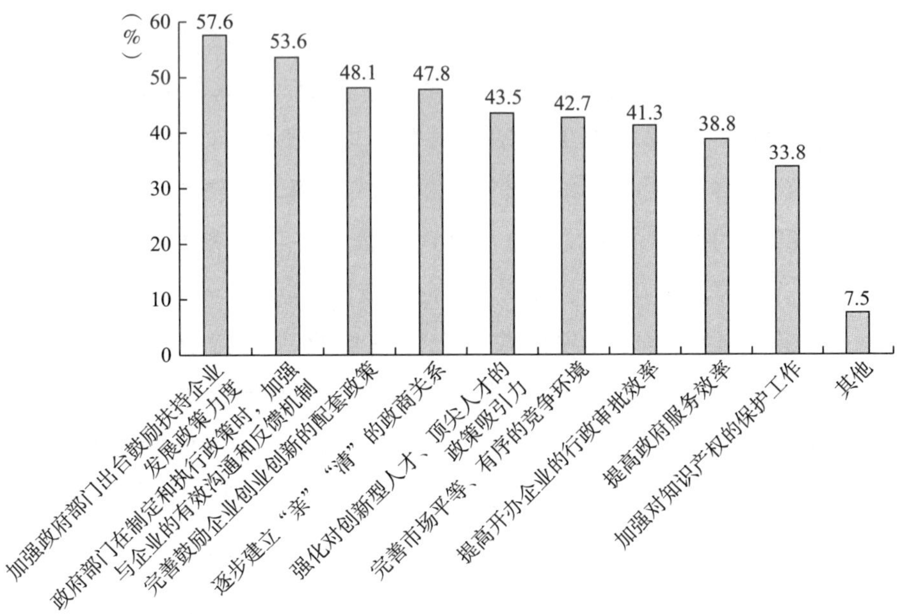

图8－3　民营企业迫切希望政府部门强化的工作事项占比

看，57.6%的民营企业希望“加强政府部门出台鼓励扶持企业发展政策力度”，有这方面诉求的民营企业最多；其次是希望“政府部门在制定和执行政策时，加强与企业的有效沟通和反馈机制”，有这方面诉求的民营企业占53.6%；有“完善鼓励企业创业创新的配套政策”“逐步建立‘亲’‘清’的政商关系”两方面诉求的民营企业占比均近半数。这些数据表明，民营企业对相关政策的出台和落实以及良好的政商关系比较重视，希望政府部门在这些方面加强和提升。

二　简化民营企业办事程序、降低民营企业税负工作刻不容缓

从民营企业办理各事项需要付出的资金和时间来看，大部分事项需要花费的资金平均在百元以下，所需时间平均在3天以内。商事制度改革后，民营企业办事所花费的时间和资金成本均大幅下降，切实减轻了民营企业负担，但仍有部分民营企业办理各事项付出的资金较多，如一项涉及民营企业办理营业执照的花费，户均达到了1142.11元。

从对“民营企业办理一些事项手续时，哪些需要法定代表人必须亲自到场，哪些可以通过授权等其他方式办理”调查的结果看，40%左右的民营企业认为“公司注册”“法人变更”“股权转让或变更”“公司注销”“申请贷款”“第一次申办税务发票”“办理不动产登记”“办理房产抵押登记”等事项均可以通过授权的方式办理，不需要法定代表人亲自到场。这表明民营企业渴望政府部门在设计各项事务办理条件时可以适当变通，放宽相关的条件要求，为企业减轻负担。

从民营企业缴纳的各项税费占企业销售收入（营业收入）的比重看，近九成的企业反映政府和事业单位收费、各类摊派等占比均在15%以下；近八成企业反映法定税金占比在15%以下，14.2%的企业反映其占比在16%~20%，明显高于政府和事业单位收费、各类摊派等的占比，表明民营企业的税金仍偏高。另外，对民营企业平均每年办理涉税工作调查的结果显示，民营企业每年户均办理涉税工作7.52次，平均每次占用1天半的工作时间，平均每次需要支出1325.55元。因此，政府部门

还需进一步降低民营企业的税负，减少民营企业办理各种事项的程序，为民营企业进一步减负。

三　民营企业融资难问题仍存在，银企间贷款机制有待改善

调查数据显示，在曾向银行贷款的民营企业中，42.6%的民营企业认为取得抵押贷款困难或很困难，43.4%的民营企业认为取得信用贷款困难或很困难，44.2%的民营企业对取得贷款手续便捷程度表示不满意或不太满意。另外，从对民营企业取得银行贷款需要付出的资金和时间调查的结果看，民营企业户均每年办理银行贷款1.06次，平均每次占用的工作时间为2.95天，平均每次需要支出资金2907.91元，这给民营企业增加了人力、时间和资金成本。总之，融资难问题一直是困扰民营企业发展的问题之一。为了更好地支持民营企业发展，政府还需在银企间建立良好的沟通协调机制，为帮助民营企业更好地获得银行贷款提供支持。

四　期待进一步扩大对外开放、营造公平的市场竞争秩序

参与调查的民营企业中有1023户有海外和进出口业务，占比为9.9%。其中，42.7%的企业在开拓海外市场时缺乏商务信息，42.2%的企业缺乏对海外法律和社会情况的了解，42.4%的企业缺少海外经营人才，37.7%的企业认为价格和服务缺乏国际竞争力，35.9%的企业反映国内审批程序复杂，36.3%的企业反映外汇管制严格，这些均表明对外开放工作水平还有待进一步提升。另外，通过对民营企业遇到国际贸易摩擦时所采取的对策的调查，笔者发现，需要依靠政府帮助解决的民营企业最多，占67.5%，表明民营企业对政府的依赖性很强，这也说明市场开放度不够，需要扩大对外开放，通过市场管理机制去解决问题。

通过对企业遇到的不公平竞争事项的调查，笔者发现，仍有部分民营企业认为存在不公平竞争现象。其中，9.4%的企业认为当地存在“无法律依据给予特定企业优惠政策或待遇”的情况，6.9%的企业认为当

地存在“无法律依据向特定企业以优惠价格出让或划拨土地”的情况，8.0%的企业认为当地存在“对私营企业设置歧视性的市场准入和退出条件”的情况，6.3%的企业认为当地存在“对商品、服务实行歧视性价格和歧视性补贴政策”的情况，9.6%的企业认为当地存在“在招投标中排斥、限制或设置特殊条件”的情况，5.7%的企业认为当地存在“限制企业跨地区销售、运输商品和提供服务”的情况。虽然遇到这些问题的民营企业不多，但这些问题仍不应被忽视，营造公平竞争的良好市场秩序是政府部门的重要任务。

五　民营企业看好当地经济发展，对未来充满期许

就民营企业对未来经济社会发展的期待而言，调查结果显示，六成民营企业对本地营商环境和经济发展比较看好，认为未来三年会有很大发展；有近四成民营企业认为会有所发展；仅有5.2%的民营企业对未来发展信心不足，认为发展形势很难说。各级政府还需从客观现实中找出问题，切实帮助民营企业解决困难，营造更加良好的市场环境，为推动全国经济高质量发展奠定良好基础。

图书在版编目（CIP）数据

当代中国营商环境评价研究 / 黄永亮，田丰著. --
北京：社会科学文献出版社，2022.10
（社会发展与社会治理文库）
ISBN 978-7-5228-0624-2

Ⅰ.①当… Ⅱ.①黄… ②田… Ⅲ.①投资环境-研究-中国 Ⅳ.①F832.48

中国版本图书馆 CIP 数据核字（2022）第 160127 号

社会发展与社会治理文库
当代中国营商环境评价研究

著　　者 / 黄永亮　田　丰

出 版 人 / 王利民
组稿编辑 / 谢蕊芬
责任编辑 / 赵　娜　孟宁宁
责任印制 / 王京美

出　　版 / 社会科学文献出版社 · 群学出版分社（010）59366453
地址：北京市北三环中路甲 29 号院华龙大厦　邮编：100029
网址：www.ssap.com.cn
发　　行 / 社会科学文献出版社（010）59367028
印　　装 / 三河市尚艺印装有限公司

规　　格 / 开　本：787mm × 1092mm　1/16
印　张：14.75　字　数：212 千字
版　　次 / 2022 年 10 月第 1 版　2022 年 10 月第 1 次印刷
书　　号 / ISBN 978-7-5228-0624-2
定　　价 / 98.00 元

读者服务电话：4008918866

版权所有 翻印必究